第1章

まずはここをチェック！

知っておくべき情報をスマホで収集する

近隣のハザードマップの確認、避難場所の確認やルート検索、緊急速報の受信設定など、スマホで情報収集する方法を紹介します。

1 あなたの近所は大丈夫？ ハザードマップを確認しよう

自治体が公開しているハザードマップ（被害予測マップ）を手に入れよう

スマートフォン（スマホ）を活用した防災対策は、日頃からの準備が重要です。そのはじめの一歩が**「ハザードマップ」**の確認です。

「ハザードマップ」って聞いたことはあるけど、どんなものなの？

自然災害の防災対策に使用する目的で作られた被害予測マップのことです。全国の自治体ごとに公式サイトで公開しています。

マップには、被災想定区域や避難場所・避難経路などの防災関係の情報がひととおり記載されています。ただし、自治体によって対応している災害情報は異なります。

まずはお住まいの地域で入手できるハザードマップがあるかどうか、国土交通省の「ハザードマップポータルサイト」で探しましょう。

次のページから、ハザードマップをスマホに保存する方法を紹介しています。

お住まいの地域のハザードマップを入手する手順

iPhone
Android

サイト名 ●「ハザードマップポータルサイト」
URL ● https://disaportal.gsi.go.jp/
全国のハザードマップを検索できる、国土交通省が運営するポータルサイトです。

1 インターネットを見るための「ブラウザ」アプリを起動する

iPhoneの場合は「safari（サファリ）」アイコンをタップして起動。

Androidスマホの場合は「Chrome（クローム）」アイコンをタップ。

メモ **お使いの機種やインストールしているアプリによって画面は異なります。お使いのスマホの説明書をご確認ださい。**

2 ウェブサイトを検索する

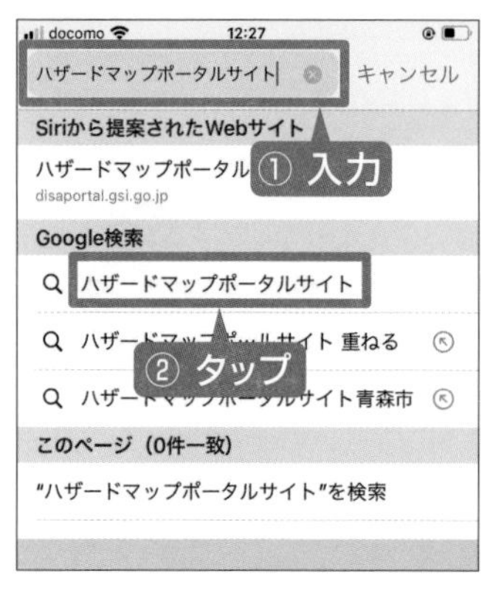

ブラウザが表示されたら、キーワード検索欄をタップし、「ハザードマップポータルサイト」と入力する。検索結果から「ハザードマップポータルサイト」をタップ。QRコードを読み取る方法もある（iPhoneは130ページ、Androidスマホは133ページ参照）。

3 タップしたサイトが表示される

タップした「ハザードマップポータルサイト」のページが表示される。

4 都道府県を選択する

下にスクロールして、「わがまちハザードマップ」の「まちを選ぶ」の「都道府県」をタップ。リストから、お住まいの都道府県を選ぶ。iPhoneは最後に「完了」をタップする。

5 市区町村を選択する

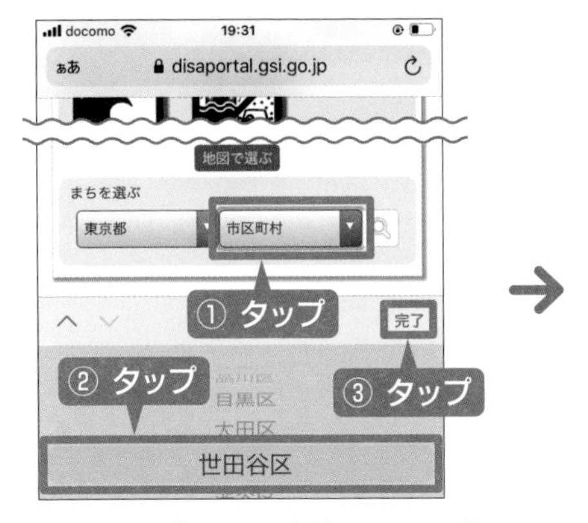

続いて、「市区町村」をタップ。リストから、お住まいの市区町村を選ぶ。iPhoneは最後に「完了」をタップする。

6 検索ボタンをタップする

都道府県、市区町村の選択が終わったら、横にある検索ボタン（虫眼鏡マーク）をタップする。

7 マップの種類を選択する

その自治体の閲覧可能なハザードマップのリンクが表示されるので、見たいマップの「リンクを開く」をタップ。

8 マップデータ部分を表示する

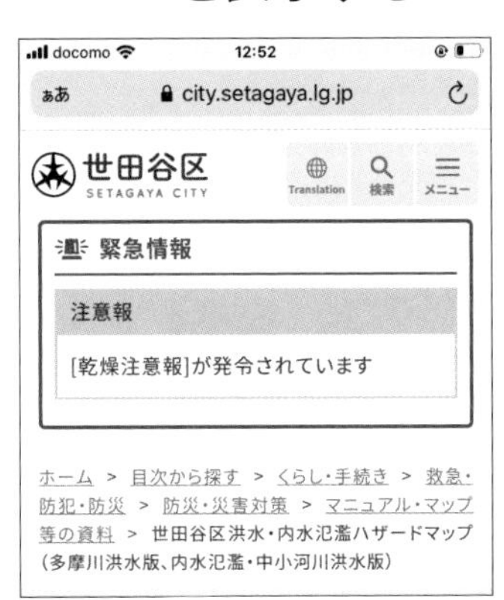

各自治体のハザードマップ公開ページが表示される（※画面は自治体によって異なる）。

9 ファイルを「長押し」する

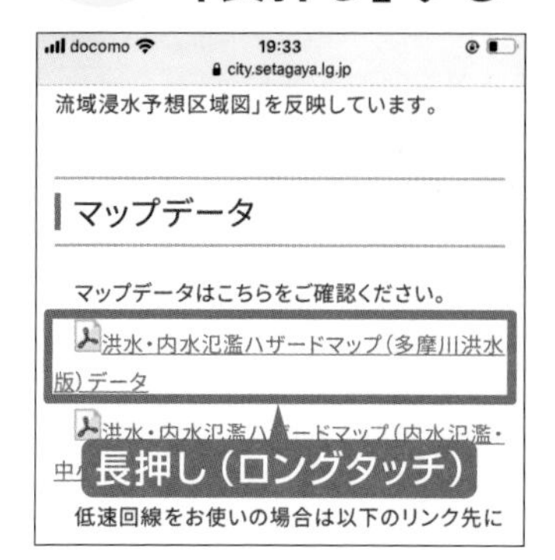

スクロールしてマップデータを表示する。マップファイルは通常「PDF」という形式で提供されている。入手したいファイルを長押し（ロングタッチ）する。

10 ファイルをダウンロードする

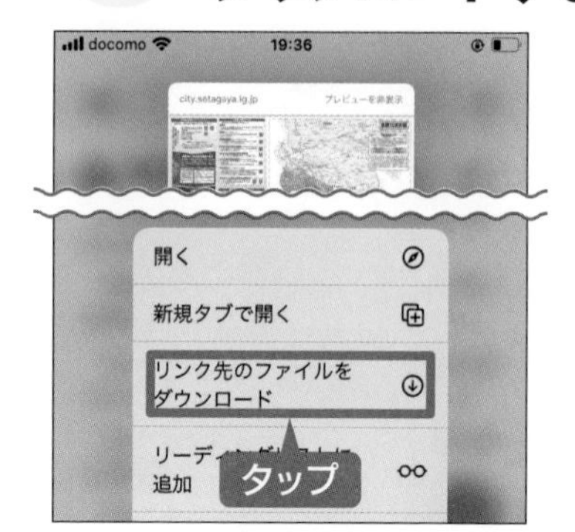

メニューが表示されるので「リンク先のファイルをダウンロード」（Androidの場合は「リンクをダウンロード」）をタップして、マップファイルをスマホに保存する。

11 スマホに保存されたファイルを開く

iPhoneは「ファイル」アプリを起動し、「ブラウズ」→「ダウンロード」から、ファイルをタップすれば開ける。

※「ファイル」アプリがない場合は、インストールしてください。

Androidはダウンロード完了通知をタップすると開ける。あとから開く場合は、「File Commander」アプリを起動し、「ダウンロード」からファイルをタップすればOK。

※機種によって利用アプリなどが異なります。詳しくはお使いのスマホの説明書をご確認ください。

● ハザードマップの例

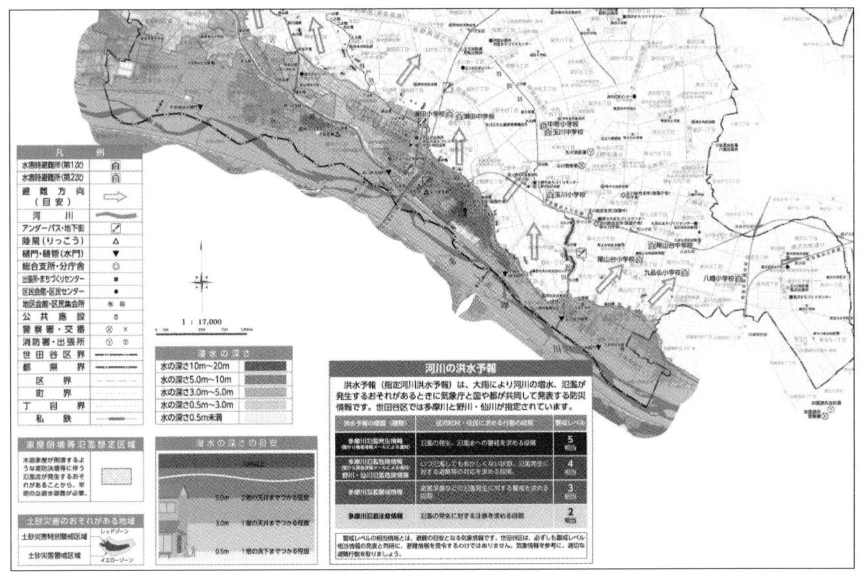

こちらは東京都世田谷区の洪水ハザードマップの例です。

自治体によって異なりますが、基本的には災害の危険がある範囲や危険度の目安、避難場所などが掲載されています。

また、インターネットだけでなく、役所窓口では紙のマップを配布していますから、念のためにもらっておくことをオススメします。

自宅に危険が及ぶかどうかが分かるし、もしものときの避難場所の確認もできるから安心ね！

2 どこへ避難すればいい？
避難場所の情報を確認しよう

自治体の公式サイトなどで避難場所をチェック

自然災害で地域の危険が高いと判断された場合は、自治体によって指定避難場所が開設されます。

事前に指定避難場所を確認しておき、指示などがあった場合は最寄りの場所に避難しましょう。

避難場所はどこにあるの？

ハザードマップに掲載されている場合もありますが、**まとめて知りたい場合は、自治体の公式サイトで確認するのがオススメです。**

また、避難場所を確認できる地図サービスやアプリもありますよ。

まずは「避難場所」と「避難所」の違いを知ろう

避難場所を探す前に、まずは「避難場所」と「避難所」の違いを知っておきましょう。

この2つを混同している人が多いのですが、災害対策基本法によって、下の表のように定められています。

避難場所が避難所を兼ねる場合もありますし、運用面は自治体によって異なります。この違いを踏まえたうえで、避難場所を確認しましょう。

● 避難場所と避難所の違い

施設の種類	概要
指定緊急避難場所	災害の危険がおさまるまでの間、一時的に逃れるための場所。自治体によって、災害の種類ごとに指定されている。
指定避難所	災害によって自宅に住めなくなってしまった場合などに、避難生活を送るための場所。指定緊急避難場所と兼ねている場合も多い。

知らなかった！ 「避難場所」は災害の危機から逃れるもので、「避難所」はその後の避難生活のための施設なのね。

自治体公式サイトで避難場所を確認しよう

避難場所を自治体の公式サイトで確認する場合は、Safari や Chrome などのブラウザアプリで、「（自治体名）　避難場所」のように検索すればヒットします。

1 「自治体名　避難場所」で検索

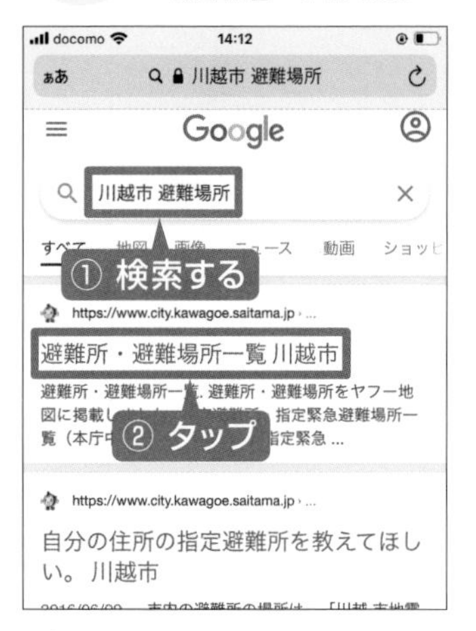

ブラウザアプリで、たとえば「川崎市　避難場所」のように入力して検索する。検索結果から自治体の該当ページをタップすればいい。

2 避難場所・避難所の詳細を確認

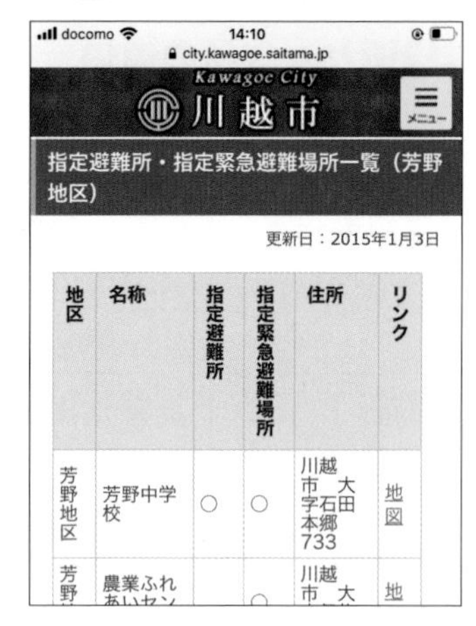

自治体公式サイトでは、指定施設の一覧や地図などで詳細を確認できる。

メモ　**お住まいの自治体名を入力しましょう。自治体名の後ろは、スペースを入れてから「避難場所」と入力します。**

ウェブサービスやアプリで避難場所を確認しよう

避難場所は、専用のウェブサービスやアプリでも確認できます。代表的なものに、「Yahoo!天気・災害　避難場所マップ」や「防災情報　全国避難所ガイド」があります。

サイト名
「避難場所マップ」
（Yahoo! 天気・災害）
URL
https://crisis.yahoo.co.jp/map/

アプリ名
「防災情報 全国避難所ガイド」
開発者：1st Media Corporation
価格：無料　対応：iOS/Android

iPhone

Android

「Yahoo!天気・災害」内にある避難場所マップ。災害地の種類と地域を指定して避難場所を地図に表示できる。

現在地や自治体を指定して避難場所を表示できるアプリ。防災情報の閲覧なども可能。

メモ **スマホにアプリをインストールする方法は、127〜133ページを参照してください。**

3 家族みんなで確認しよう 避難場所までのルートを共有する

Googleマップでルートを共有しておこう

避難場所は、学校や公民館など地域でなじみのある施設であることが多いですが、念のため自宅からのルートを確認しておくといいでしょう。

最短のルートを事前に知っておくと安心ですよね。

自宅から避難場所までのルートをスマホで調べるには、**「Googleマップ(グーグルマップ)」**というアプリを使うと便利です。

目的地までのルートを地図上に表示でき、共有機能を使えばメールなどで家族や友人に教えることができます。

家族みんなで避難場所までの道のりを覚えておきましょう。

避難場所までのルートを検索して共有する手順

iPhone Android

アプリ名●Googleマップ

開発者：Google LLC
価格：無料
対応：iOS／Android

Googleが提供している地図の検索アプリです。ウェブサービスもあります。

iPhone

Android

1 検索欄をタップする

「Googleマップ」アプリを起動し、画面上部の検索欄をタップする。

2 施設名を入力して検索する

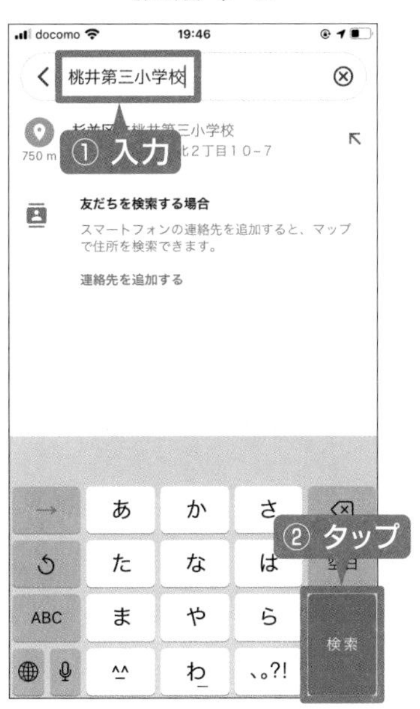

ルートを調べたい避難場所の施設名を入力し、「検索」をタップする。

3 施設までのルートを表示

施設周辺の地図が表示されるので、そのまま「経路」をタップする。

4 ルートを確認する

画面上部から移動手段（ここでは「徒歩」）のアイコンをタップするとルートが表示される。問題なければ、右上のメニューアイコンをタップする。

5 メニューから共有を開く

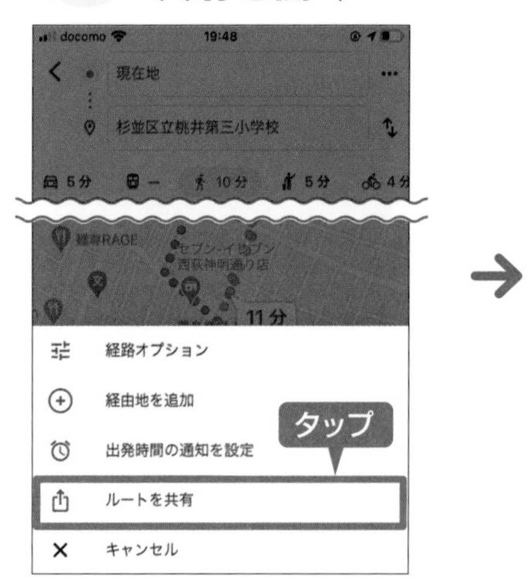

共有メニューが表示されるので、「ルートを共有」をタップする。

6 共有に使うアプリを選ぶ

家族や友人に送信するのに使うアプリ（ここでは「メール」）をタップする。

7 宛先と件名を入力して送信

メールに自動的に地図のURLが挿入されるので、あとは宛先と件名を入力して送信すればいい。

8 受け取った側はタップするだけ

メールなどを受け取った人は、記載されているリンクをタップすればOK。

9 地図でルートを確認できる

リンクをタップすると、このようにルートの地図が表示されるしくみだ。

ルートをみんなで共有したら、地図を見ながら実際に避難場所まで行ってみることをオススメします。

4 帰宅困難者をサポート 「帰宅支援ステーション」について知ろう

いざというときにコンビニなどが水道水やトイレを提供してくれる

東日本大震災では、交通機関が全面的にストップしました。そのため、勤務先や外出先から自宅に戻ることが困難になった、大量の**帰宅困難者**が発生しましたよね。

よく覚えています。飲料水やトイレにも大変困ったそうですね。

はい、その教訓を生かして、帰宅困難者を支援する取り組みが**「災害時帰宅支援ステーション」**です。

全国の自治体とコンビニなどの業界団体が協定を結び、**店舗などで水道水やトイレ、情報の提供**を行ってくれます。

それは助かりますね。いざというときのために覚えておかなくちゃ。

帰宅支援ステーションはステッカーが目印

帰宅支援ステーションであるということは、どうしたら分かりますか？

帰宅支援ステーションになっているお店にはステッカーが貼られています。

たとえば、コンビニやファミレスチェーンなどの場合には、右のような黄色いステッカーがあります。

初めて通る道でも、近くのコンビニやファミレスなら地図アプリで簡単に見つかるから安心ですね。

● 災害時帰宅支援ステーションの例（首都圏の場合）

コンビニエンスストア	セブン-イレブン／ローソン（「ローソンストア100」を含む）／ファミリーマート／デイリーヤマザキ／ミニストップ／ポプラ／コミュニティ・ストア／スリーエイト／生活彩家
ファストフード	吉野家／モスバーガー／ミスタードーナツ／カレーハウス CoCo壱番屋／てんや／タリーズコーヒー／山田うどん
ファミリーレストラン	デニーズ／ロイヤルホスト／和食さと／シェーキーズ／味の民芸／カウボーイ家族
居酒屋	和民／坐・和民／三代目鳥メロ／はなの舞／さかなや道場
カラオケ	JOYSOUND／ビッグエコー／カラオケ館／カラオケルーム歌広場／カラオケまねきねこ／カラオケの鉄人／カラオケバンバン／パセラ／カラオケ歌うんだ村／カラオケマック
その他	オートバックス／ナポリの窯／ストロベリーコーンズ

5 ちゃんとオンになってる？ 緊急速報を受信できるようにする

緊急速報を受信できるか設定を確認しよう

大規模災害時に気象庁などから発令されるのが「緊急速報」です。

大手キャリア（ドコモ/au/ソフトバンク）のスマホなら、以下の4種類の緊急速報を受信できます。

・緊急地震速報
・津波警報
・特別警報
・国・自治体による災害・避難情報

受信するために何か設定は必要ですか？

基本的には標準で有効になっていますが、念のため設定を確認しておきましょう。

ただし、スマホの電源を入れていないと通知は鳴らないので、注意してください。

なお、格安スマホの場合は受信できない場合があります。そのときは、「Yahoo! 防災速報」（27ページ）を代わりに使いましょう。

緊急速報の設定を確認する手順 iPhone

1 通知の設定を開く

iPhoneの「設定」を開き、「通知」をタップする。

メモ ホーム画面にある歯車のようなアイコンが「設定」です。これをタップすると、上の画面が表示されます。

2 「緊急速報」をオンにする

表示された画面のいちばん下にある「緊急速報」をオンにすればいい。画面はオンの状態だ。

緊急速報の設定を確認する手順 Android

1 「災害用キット」を開く

ドコモの場合は、スマホに初めから入っている「災害用キット」アプリを起動して「緊急速報」をタップ。

2 緊急速報の設定画面を開く

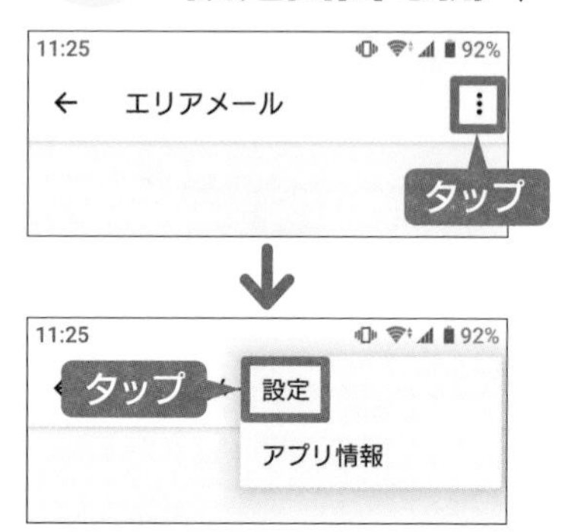

「エリアメール」画面が表示されるので、右上のアイコンをタップし、「設定」をタップする。

3 許可をオンに設定する

「エリアメールの許可」をオンにすればいい。画面はオンの状態だ。

auとソフトバンクのAndroidスマホの場合

auとソフトバンクのAndroidスマホの場合は、以下のページで設定手順が公開されています。

● **auの設定**
https://www.au.com/support/faq/view.k20000002291/

● **ソフトバンクの設定**
https://www.softbank.jp/mobile/service/urgent_news/

6 最強の防災アプリ「Yahoo! 防災速報」を入れておこう

現在地はもちろん故郷の災害通知も受け取れる

居住地で大きな自然災害があったときは、いち早く知りたいですよね。

でも、スマホが「緊急速報」（24ページ）に対応していれば十分ですよね？

緊急速報の対象になっていない災害や、遠方に住む親族の災害情報をいち早く知りたいこともあるでしょう。**「Yahoo!防災速報」**アプリをインストールしておくと便利ですよ。

これを入れておけば、**指定した種類・地域の災害情報の通知を受け取れます**。

また、格安スマホなど通常の緊急速報に対応していない端末でも、**アプリを通じて緊急地震速報などの通知を受信できる**ようになります。

「Yahoo!防災速報」で災害の速報を受信する

アプリ名●Yahoo!防災速報
開発者：Yahoo Japan Corp.
価格：無料
対応：iOS／Android
Yahoo!が提供する、設定した地域の防災速報を通知するアプリです。

iPhone

Android

1 初期設定を行う

「Yahoo!防災速報」を初めて起動すると、案内画面が表示されるので「次へ」をタップして、通知や地域の設定を行おう。

2 設定を完了する

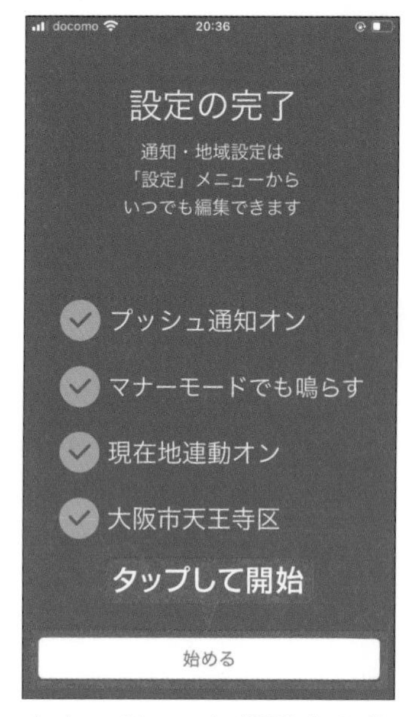

案内に従って初期設定を進めていくと、最後に「設定の完了」画面が表示されるので、「始める」をタップすればいい。

3 災害情報を通知してくれる

災害情報の速報はそのつどプッシュ通知されるほか、「ホーム」→「通知履歴」で過去の通知も確認できる。

4 災害ごとに通知対象を設定

「設定」→「プッシュ通知する情報の選択」で災害の種類を選択すると、通知のオン／オフの切り替え、マナーモード時の動作などを設定できる。

5 災害に関する投稿を確認

「マップ」をタップすると、現在地を中心とした地図が表示され、ユーザーから投稿された災害情報を確認できる。

6 防災に役立つ情報も充実

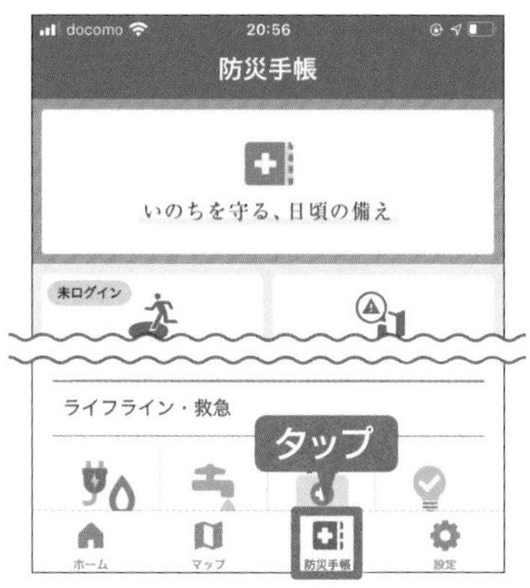

「防災手帳」をタップすると、災害時に役立つ心得や知識などを学べるほか、ハザードマップなども確認できる。

7 基礎知識を日頃からマスター 災害関連知識を学習するには？

ウェブサイトやアプリで防災のイロハを学ぼう

地震や台風などの災害対策には、**日頃から正しい防災の知識を身に付けることが重要**です。

そう言われると、防災の知識ってあまり自信がありません。地震のときに机の下に隠れるくらいしか知らないかも……。

危険からの身の守り方、避難の手順、防災グッズや備蓄品についてなど、災害時の基本的な知識がないと、いざというときに行動できません。

命をしっかり守るためにも、基礎知識はとても重要なのです。

正しい防災知識を養うのにオススメのサイトやアプリがありますので、それらを使って家族みんなで勉強してくださいね。

防災知識の学習に役立つサービス紹介

サイト名 ● 防災・危機管理eカレッジ
URL ● https://www.fdma.go.jp/relocation/e-college/

アプリ名 ●東京都防災アプリ
開発者：Tokyo Metropolitan Government
価格：無料
対応：iOS／Android

iPhone　Android

消防庁の危機管理学習サイト

消防庁の公式サイト内にある本格的な防災学習コーナー。「入門」「一般」「専門」の3つのコースがあり、小学生向けのコンテンツもある。

東京都公式の防災ブック

東京都制作の公式防災ブック「東京防災」の閲覧をはじめ、子どもから大人まで優しく幅広い防災知識を学べる。

防災ワンポイントコラム

デジタルとアナログで二重の備え

連絡先などの情報は紙でも用意しておく

家族や親戚などの緊急連絡先は、スマホのアドレス帳に登録している人が多いと思います。しかし、災害時の混乱の中では、スマホを紛失してしまう最悪のケースも考えられます。

そこでオススメしたいのが、スマホとは別に紙のメモで連絡先を用意しておくことです。お財布や定期入れに入れて携帯したり、防災リュックに入れておけば、デジタルとアナログで二重の備えとなり、スマホを紛失した場合でも、紙のメモで連絡先を確認できます。万が一、スマホの充電が切れてしまった場合も有効です。

自治体によっては、「防災カード」として、印刷用のPDFファイルを配布している場合もありますので、そのほかの情報と一緒に書き込んで活用するのもよいでしょう。

メモは普通の紙でもいいのですが、より万全を期すなら、耐水素材のメモ帳が便利です。水害時などでも紙が破れる心配がありません。

●メモ用PDFを配布する自治体も

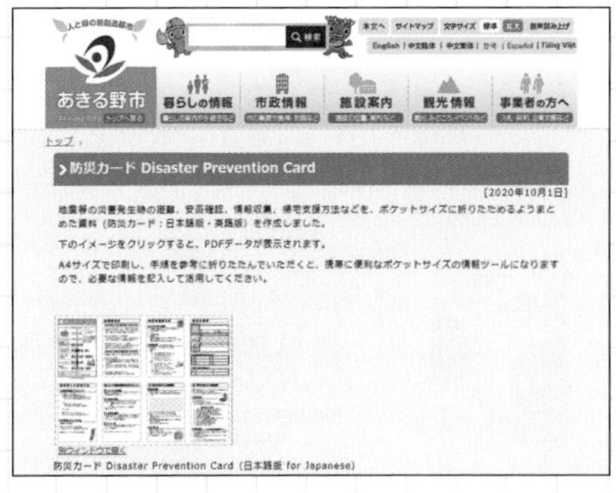

たとえば、東京都あきる野市では、カード形式の防災メモのPDFを公式サイトで配布。印刷して折りたたみ、防災カードとして使える。

●耐水仕様のメモ帳もある

プロジェクト耐水メモ　ブルー PW1562
メーカー：オキナ
価格：550円
5mm方眼が入った耐水メモ。天候に左右されず使えるので、災害時に最適だ。

第2章

災害時の情報収集に最強！

Twitterを使いこなす

災害時に被害状況や注意喚起などの
情報がいち早く分かるツールが
「Twitter（ツイッター）」です。
アカウントの登録方法から
基本的な使い方までを紹介します。

1 利用にはアカウントが必要
Twitterに登録しよう

災害時の情報収集や発信に役立つツール

災害時に重要になるのが、信頼できる情報を素早く収集すること。

そこで役立つのが、**「Twitter（ツイッター）」**というウェブサービスです。

どんなサービスなの？

最大140文字以内で「ツイート（ Tweet／つぶやき）」を投稿できるSNS（エスエヌエス／ソーシャル・ネットワーキング・サービスの略）です。文字だけでなく、画像や位置情報なども一緒に投稿できるんですよ。

公的機関やマスメディアもTwitterで情報発信しているので、災害時には被害状況や注意喚起などの情報がいち早く分かります。

Twitterを利用するには、ユーザー登録が必要です。まずは登録手順と基本的な使い方を理解しましょう。

Twitterアプリを起動してアカウントを作成する手順

iPhone Android

アプリ名 ● Twitter

開発者：Twitter,Inc.
価格：無料
対応：iOS／Android
最大140文字の文章を投稿でき、写真や動画の投稿も可能な、無料のSNSです。

1 アプリを起動する

Twitterのアイコンをタップしてアプリを起動したら、「アカウントを作成」をタップする。

2 必要事項を入力する

ユーザー名、電話番号（またはメールアドレス）、生年月日を入力して、「次へ」をタップする。

メモ アプリがスマホにインストールされていない場合は、127～133ページを参照してインストールしてください。

3 閲覧データの追跡を確認する

コンテンツの閲覧データを追跡されたくない場合は、上のスイッチをオフにしてから「次へ」をタップ。

4 設定内容を確認して登録する

ユーザー名など設定した内容が表示されるので、問題なければ「登録する」をタップ。その後、認証コードの確認画面が表示されるので「OK」をタップしよう。

5 届いた認証コードを入力する

ショートメッセージでスマホに認証コードが届くので、表示された画面に認証コードを入力し、「次へ」をタップする。

6 パスワードを入力する

パスワードにしたい任意の文字列を入力して、「次へ」をタップする。

7 プロフィール画像を設定する

「＋」をタップしてスマホ内の画像を追加しよう。設定した画像はユーザーのアイコンとして利用される。「次へ」をタップする。

メモ **画像は後からでも設定できます。その場合は「次へ」をタップしてください。**

8 自己紹介文を入力する

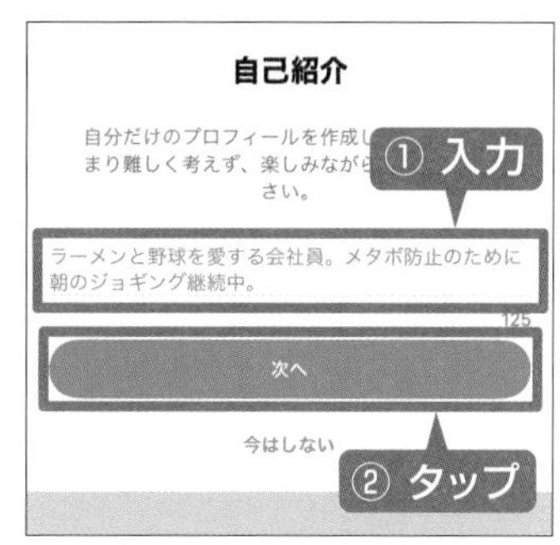

簡単な自己紹介文を入力して、「次へ」をタップする。

メモ **自己紹介文は後からでも設定できます。その場合は「次へ」をタップしてください。**

9 連絡先の同期の設定

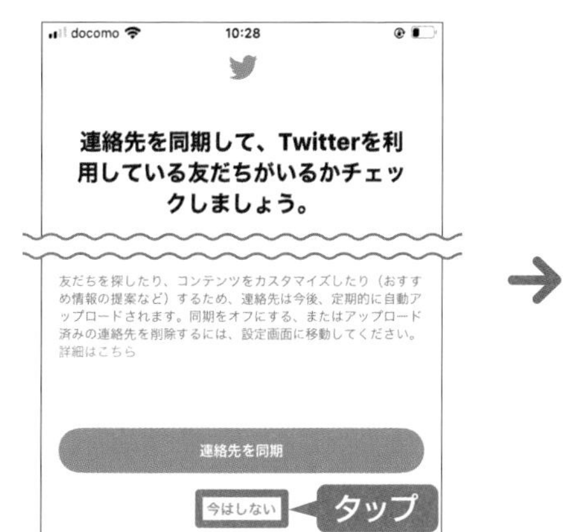

連絡先の同期を促されるが、今回は情報収集などが目的なので「今はしない」をタップしよう。

10 興味のあるユーザーの選択

興味のある話題を選択すると、おすすめのアカウントが表示される。興味のあるユーザーすべての「フォローする」をタップして選択し、右下の「×件のアカウントをフォロー」をタップする。

タイムラインの表示と検索機能の使い方

iPhone
Android

1 タイムラインを開く

「ホーム」アイコンをタップすると、フォローしたユーザーのツイート一覧（「タイムライン」と呼ばれる）が表示される。

2 表示を時系列に切り替える

初期設定では、ツイートの表示順序が「おすすめ順」になっている。右上のアイコンをタップしてメニューを表示し、「最新ツイートに切り替え」をタップすると投稿順に表示される。

3 ツイートをキーワードで検索

「検索」アイコンをタップし、検索欄でキーワードを入力して検索する。「最新」をタップすると、キーワードを含むツイートを表示できる。

4 ユーザーを検索してフォロー

キーワード検索したあと「ユーザー」をタップすると、関連するユーザーが表示される。「フォローする」をタップすると、そのユーザーのツイートがタイムラインに表示されるようになる。

ツイートの投稿など基本的な操作方法

iPhone
Android

1 投稿画面を開く

自分のツイート（つぶやき）を投稿したいときは、画面右下にある青い円のアイコンをタップする。

2 文章を入力してツイートする

140文字以内で入力して、「ツイートする」をタップすればOK。また、画面下部のアイコンから画像や位置情報の追加もできる。

3 ツイートに対して返信や共有が可能

1 リプライ
人のツイートに対して返信が行える。

2 リツイート
ツイートを再投稿してフォロワー（自分をフォローしている人）に拡散できる。コメントを添えてのリツイートも可能。

3 いいね
ツイートへの賛同などを示したいときにタップする。

4 共有
ほかのアプリなどを使って、ツイートのURLを送信できる。

2 地域の災害情報を収集
自治体の災害情報アカウントをフォロー

主要な自治体の多くが公式アカウントで発信している

Twitterを利用できるようになったら、**自分が住んでいる自治体の防災関連のアカウントをフォローしてみましょう。**

どんな情報を発信しているんですか？

普段は防災に役立つ知識や自治体の取り組みなどを告知しているのですが、**災害時には被災状況や避難勧告などを素早く発信してくれます。**

自治体によってアカウントを持っていない場合もありますが、可能な限り「都道府県」と「市区町村」それぞれのアカウントをフォローしておくといいですよ。

キーワードで検索して公式アカウントをフォローする手順

iPhone Android

自治体の防災関連アカウントは、「東京都」のように検索すると探せます。

もしお住まいの自治体に防災に特化したアカウントがなければ、通常の公式アカウントをフォローしておきましょう。

1 自治体名で検索してフォロー

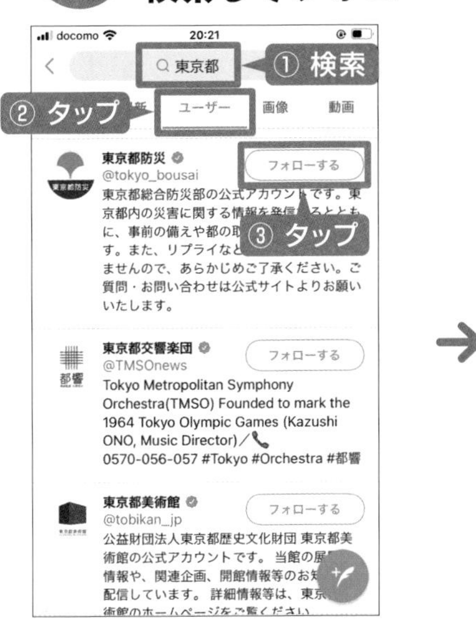

自治体名で検索を実行し、「ユーザー」をタップ。検索結果からその自治体の公式防災アカウント（この例では「東京都防災」）の「フォローする」をタップする。

2 地域の防災情報をチェックできる

防災関連アカウントをフォローすると、自治体が発信した地域の防災・災害情報がタイムラインに表示されるようになり、チェックできる。

3 官公庁からの一次情報をダイレクトに
政府機関などの防災アカウントをフォロー

国レベルの危機管理や防災豆知識をキャッチしよう

Twitterで防災関連の情報を収集するなら、**地域だけでなく官公庁など政府機関のアカウントもフォロー**しておくといいですよ。

地域のアカウントだけでも十分なような気がしますけど？

大規模な自然災害では、気象庁や内閣などから直接呼びかけが行われる場合があります。

命を守る行動を素早く起こすためにも、官公庁の防災アカウントは必ずフォローしましょう。

また、**警察や自衛隊の災害情報アカウント**では、災害時に役立つ豆知識などが投稿されていますので、合わせてフォローしておくといいでしょう。

災害情報を発信する公的機関をフォローする

iPhone Android

押さえておきたいアカウントのリストも紹介しますので、ぜひフォローしてください。

気象庁の防災アカウントは必須

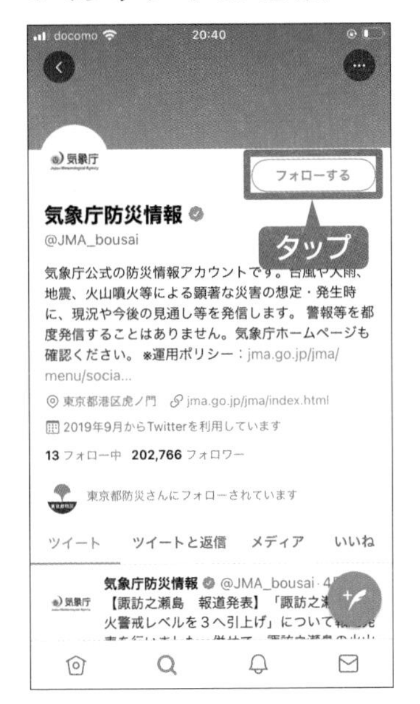

台風や地震などの自然災害の情報は気象庁の防災情報がもっとも早くて正確。必ずフォローしよう。「気象庁防災情報」で検索できる。

災害時に役立つ官公庁関連のアカウント

アカウント	ユーザー名
気象庁防災情報	@JMA_bousai
内閣府防災	@CAO_BOUSAI
首相官邸（災害・危機管理情報）	@Kantei_Saigai
総務省消防庁	@FDMA_JAPAN
国土交通省	@MLIT_JAPAN
警視庁警備部災害対策課	@MPD_bousai
防衛省・自衛隊（災害対策）	@ModJapan_saigai
首相官邸（被災者応援情報）	@kantei_hisai
内閣府原子力防災	@CAO_GENBOU
ＮＨＫ生活・防災	@nhk_seikatsu

4

Twitterのつながりで被災者を救助

災害支援の要請をツイートする

Twitterが推奨する要請方式を知っておこう

Twitterが役立つのは情報収集だけではありません。もしも被災した場合に、**状況をツイートすることで救援要請に活用することもできるのです。**

要請ツイートを見た人が、警察や消防に連絡するなどすれば救助される可能性が高まります。

でも、どのような内容を書いてツイートすればいいんですか？

Twitterでは、救援要請のツイート例を公開しています。次ページでご紹介しますので、ぜひ参考にしてください。

ハッシュタグなどで分かりやすく災害救助ツイートを投稿する

iPhone Android

Twitterでは以下の例のように、救援要請を行うことが推奨されています。この形式をしっかり覚えて、いざというときに役立てましょう。

救援要請ツイートの例

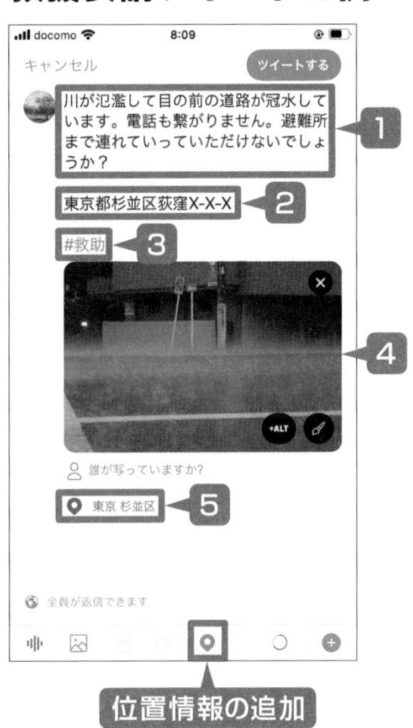

1 内容は具体的かつ簡潔にまとめる。

2 詳しい住所が分かる場合は番地やビル名などを書く。

3 「＃救助」のハッシュタグをつける。

※ハッシュタグ……キーワードの先頭に「#」を付けることで検索されやすくするTwitter独自の分類記号。

4 状況がひと目で伝わるように写真を添付する。

5 詳しい住所が分からない場合は、現在地の位置情報を添付する。なお、位置情報は画面下部の真ん中にあるピンマークをタップすると添付できる。

5 根拠のない情報には要注意！ デマツイートに惑わされないためには？

公的機関やファクトチェック団体のツイートに注目

災害が起きると、Twitter上でもさまざまな情報が入り交じります。

中には、デマや真偽不明の情報も流れてきますので、決して振り回れないように注意してください。

そんなツイートがあるなんて……。どんなデマが流れるんですか？

たとえば、2018年の西日本豪雨では、「レスキュー隊のような服を着た窃盗団がいる」というデマが流れました。この種のデマは不安をあおって、一気に広まってしまうのです。

デマに振り回れないためには、以下のような対応を心掛けてください。

・真偽を確認できない情報はリツイートしない
・公的機関からの発表をリツイートして正しい情報を拡散する
・ファクトチェック団体のアカウントをフォローする

公的アカウントの注意喚起やファクトチェックを確認しよう

iPhone Android

災害時には、公的機関からデマに対する打ち消しや注意喚起が発表されます。

また、ファクトチェック（真偽の検証）を専門的に行う認定NPOがあるのでフォローしておきましょう。

公的機関の打ち消しをリツイート

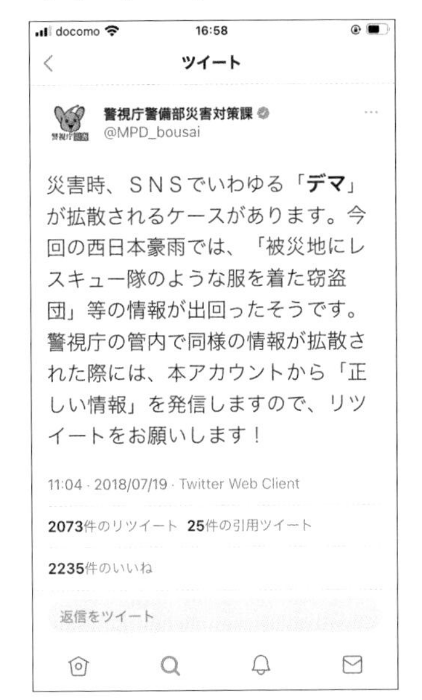

たとえば、警視庁の災害対策課では管内でデマが飛び交った場合は、正しい情報が発信される。発表があった場合は、リツイートして拡散しよう。

真偽検証の最新情報を確認

認定NPO「ファクトチェック・イニシアティブ（FIJ）」は、メディアなどが真偽検証の結果を随時発表している。災害時にも頼りになるので、フォローしておくと安心だ。

＼防災ワンポイントコラム／

有益な防災情報を幅広く提供

防災豆知識は「Twitterライフライン」で学ぶ

災害時におけるTwitterの活用法をもっと知りたい人は、Twitter社が自ら運営している「Twitterライフライン」（@TwitterLifeline）というアカウントをフォローしましょう。

官公庁やメディアが発信した災害情報をリツイートなどで知らせてくれ、災害時に役立つ豆知識なども一緒にツイートしてくれます。ちなみに、45ページで紹介している救援要請のツイートは、もともとTwitterライフラインで紹介された情報です。

流れてきたツイートを見ているだけで、ごく自然に防災知識が身に付くので、災害に対する心構えを高めることにもつながります。Twitter社では、「防災グッズコンテスト」などのキャンペーンを展開することもあり、ほかのユーザーが行っている災害対策を知ることもできます。

また、国内の地域ごとに防災に役立つ関連アカウントをリストでまとめているので、気になるリストをフォローすれば、地域の防災情報を効率的にチェックできます。

●役立つ防災知識を流してくれる

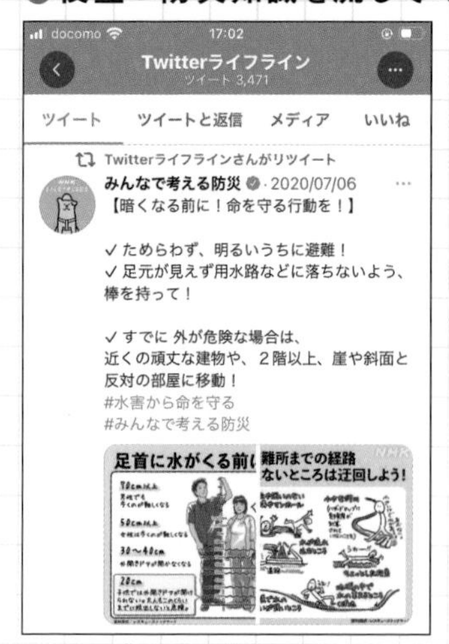

官公庁やメディアの公式アカウントから発信される防災情報などをピックアップして流してくれるので、自然と防災知識が身に付く。

●地域の防災アカウント一覧も

右上のメニューアイコンをタップし、「リストを表示」をタップ。災害時に役立つアカウントが都道府県ごとにまとめられている。

第3章

緊急時の連絡手段などに大活躍！

LINEを災害対策ツールとして活用する

普段からコミュニケーションツールとして「LINE（ライン）」を使っている人も多いでしょう。災害時の連絡手段としても有効です。

1

利用に必要な初期設定
LINEにユーザー登録しよう

災害時にも強い定番のコミュニケーションツール

災害時にネックとなるのが、**連絡手段の確保**です。

被災範囲が広い地震などでは、警察や消防への緊急通報、さらに家族へ連絡しようとする人も多くなるので、電話がつながりにくくなります。

そこで、ぜひともオススメしたいのが**「LINE（ライン）」**です。

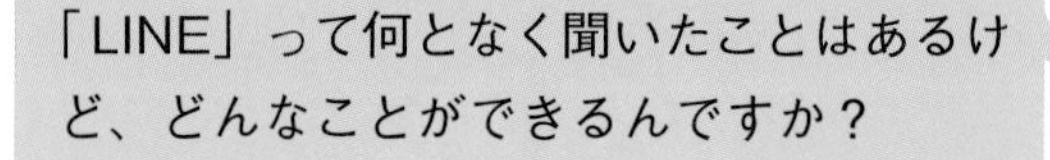

LINEは、**SNS（ソーシャル・ネットワーキング・サービス）**の一種です。

登録したメンバーとメッセージ（文字）や写真・動画をやりとりしたり、音声やビデオ通話もできるんですよ。

すべて無料で利用できますから、家族全員のスマホにインストールしましょう。

LINEを利用するには、最初にユーザー登録が必要になりますので、案内に従って設定してください。

LINEに新規登録して利用できるようにする手順

iPhone　Android

アプリ名 ● LINE

開発者：LINE Corporation
価格：無料
対応：iOS／Android

無料で利用できるコミュニケーションツール。スマホにあらかじめアプリがインストールされていることもあります。

1 新規登録画面へ進む

「LINE」アプリを起動すると、このような画面が表示されるので、「新規登録」をタップする。

2 電話番号を入力する

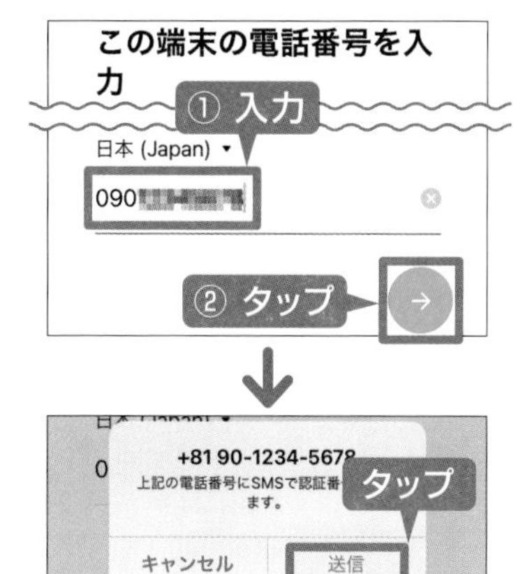

LINEを利用するスマホの電話番号を入力し、「→」ボタンをタップ。確認画面が表示されるので、「送信」をタップする。

メモ　**「LINE」アプリがスマホにインストールされていない場合は、このページの上にあるQRコードを読み取るか、127〜133ページを参照してインストールしてください。**

3 受信した認証番号を入力する

先ほど入力した電話番号宛にショートメッセージで6桁の認証番号が届くので、それを入力する。

4 アカウントを新規登録する

すでにアカウントを保有しているか尋ねられるので、「アカウントを新規作成」をタップする。

5 プロフィールを設定する

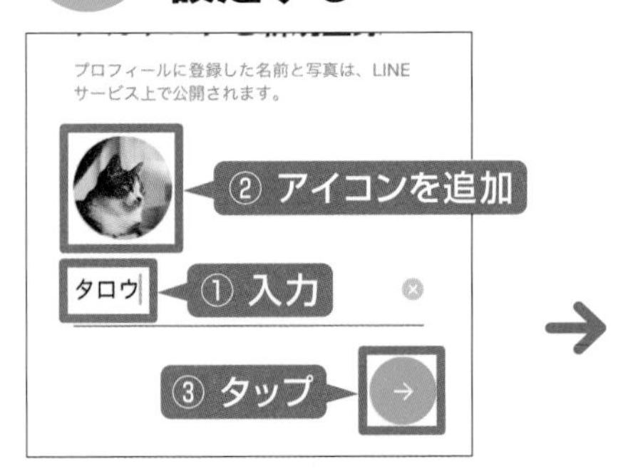

プロフィール用の名前を入力し、アイコン部分をタップして好きな画像を追加。最後に「→」ボタンをタップする。

6 パスワードを登録する

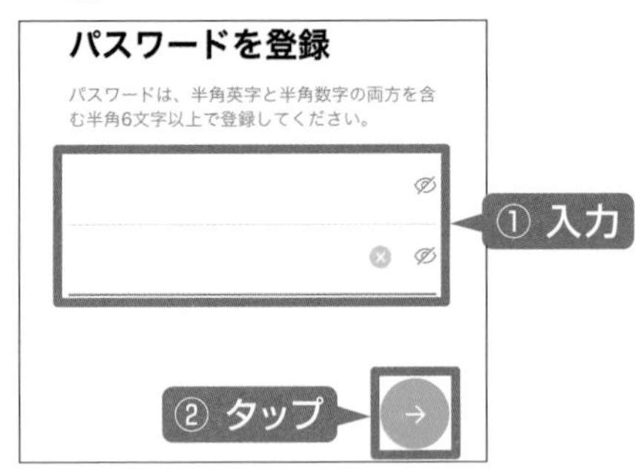

LINEでは各種設定などにパスワードが必要となる。登録したい6文字以上のパスワードを入力して、「→」ボタンをタップする。

メモ　**名前は、ほかのメンバーとメッセージをやりとりをする際に使うニックネームです。第三者に見られても問題ない名前にしましょう。**

7 「友だち追加設定」はオフにする

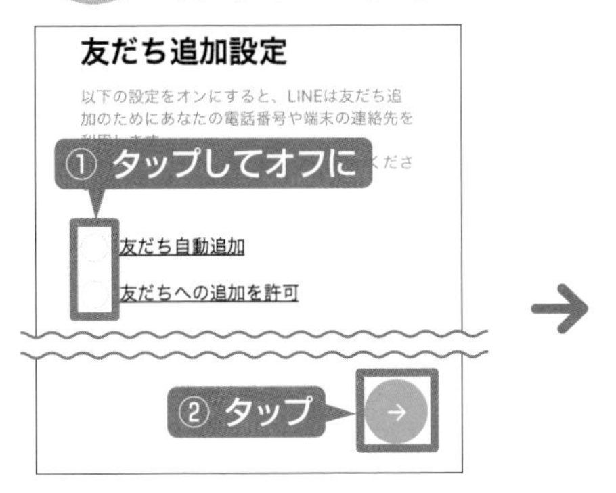

「友だち追加設定」は自動で友だちが登録される機能。後から必要なときに設定できるので、ここでは先頭部分をタップしてオフにして、「→」ボタンをタップする。

8 年齢確認の手続きを行う

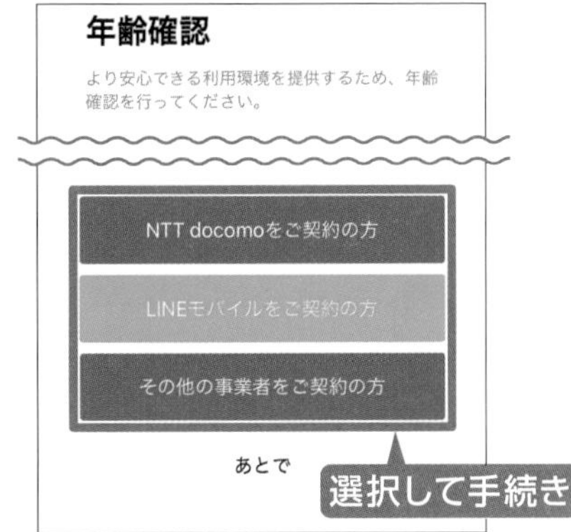

LINEでは18歳未満の場合は、一部の機能の利用が制限される。利用している携帯電話会社を選択し、年齢確認の手続きを行おう。

9 情報利用の規約を確認する

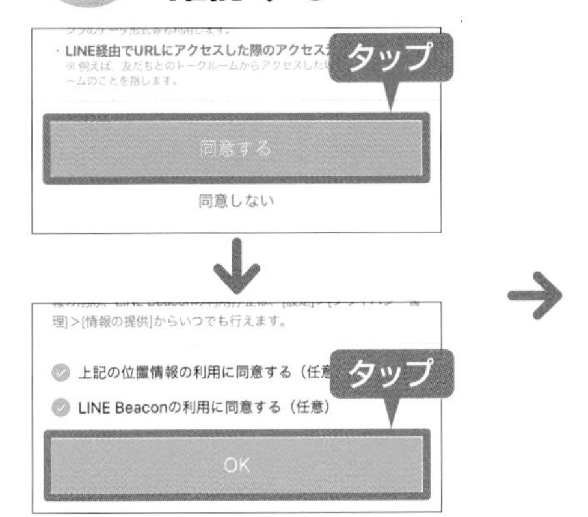

サービス向上のための情報利用に関する規約が表示されるので、確認して「同意する」→「OK」の順にタップしよう。

10 初期設定が完了する

初期設定が完了すると、このようにLINEのホーム画面が表示される。

2 やりとりする相手を追加
家族などを「友だち」に登録しよう

3種類の方法から選んで友だち登録できる

LINE同士でメッセージをやりとりするには、**お互いに相手を「友だち」に登録する必要があります。**

友だちの登録方法は、**「QRコード」「ID・電話番号検索」「招待」**の3種類に対応しています。

どの登録方法を選べばいいんでしょうか？

たとえば、同居している家族なら、その場ですぐに登録できる「QRコード」がオススメです。

遠方にいる家族や親戚は、「ID・電話番号検索」や「招待」で登録しましょう。

①QRコードを使ってLINEでやりとりする 相手を「友だち」に登録する方法 iPhone Android

1 友だち追加画面を開く

自分と相手がお互いに、それぞれのスマホでLINEの「ホーム」右上にある「友だち追加」のアイコンをタップする。

2 「QRコード」をタップする

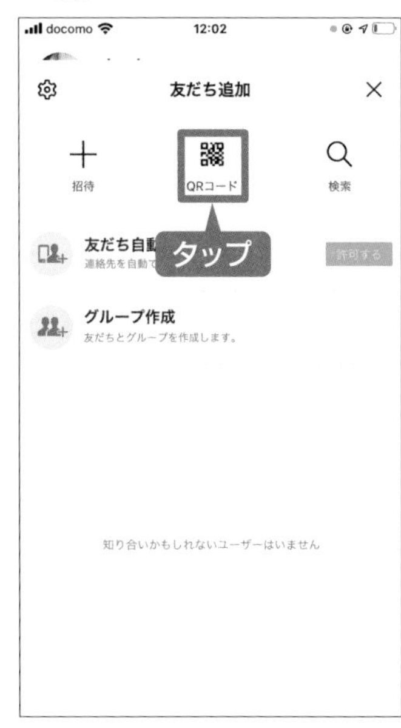

「友だち追加」画面が表示されるので、お互いに「QRコード」をタップする。

3 相手に「マイQRコード」を開いてもらう

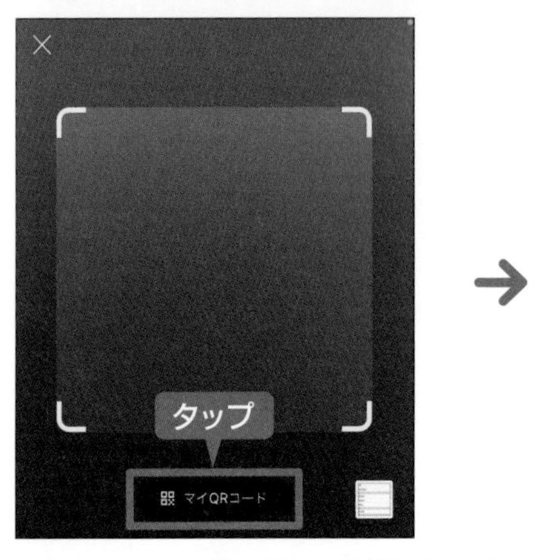

QRコードの読み取り画面が表示されるので、相手側のLINEで「マイQRコード」をタップしてもらう。

4 相手のQRコードが表示される

相手のスマホのLINE画面に、QRコードが表示される。

5 自分のLINEで読み取る

自分のスマホのLINE画面のカメラ枠内に収まるように、相手のQRコードにスマホをかざす。

6 友だちに登録する

相手のアカウントが表示されるので、「追加」をタップすれば友だちとして登録される。

②IDや電話番号検索でLINEでやりとりする相手を「友だち」に登録する方法

iPhone　Android

「検索」をタップする

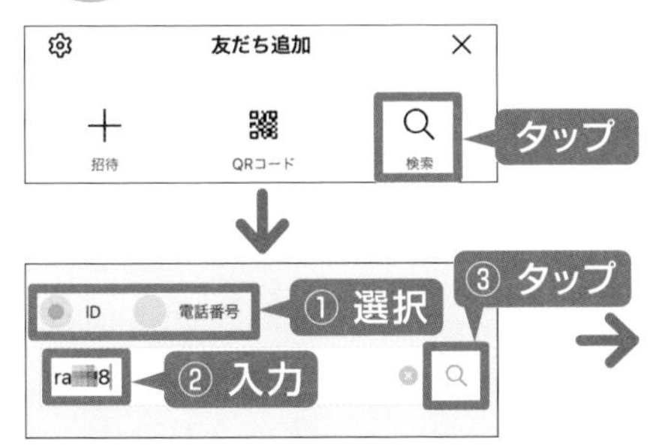

LINEの「ホーム」右上にある「友だち追加」をタップし、「検索」をタップ。表示された画面で「ID」または「電話番号」を選択する。検索欄に相手のIDや電話番号を入力し、「検索」をタップ。

2 友だちに登録する

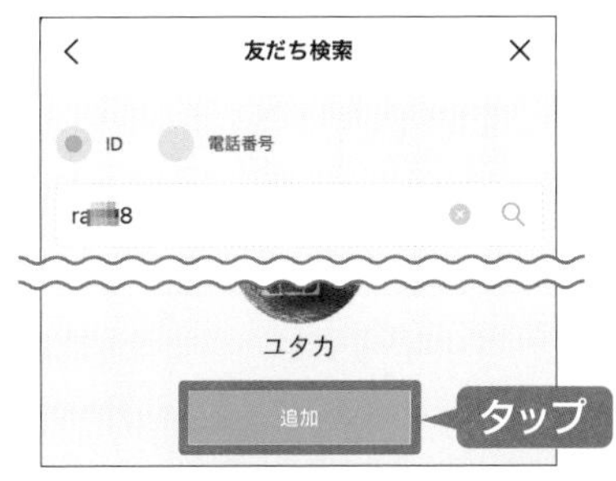

該当するアカウントが表示されるので、「追加」をタップすれば友だちに登録できる。IDとはLINEユーザーを識別するために付けられる固有の文字列のこと。なお、IDは一度設定すると変更できない。

検索を利用するには相手の許可やお互いに年齢確認が必要

ID・電話番号検索を利用するには、相手側に検索許可の設定をしてもらう必要があります。また、アカウント作成時に年齢確認が済んでいない場合は、LINEの「設定」→「年齢確認」から行ってください。

●ID検索を許可してもらう

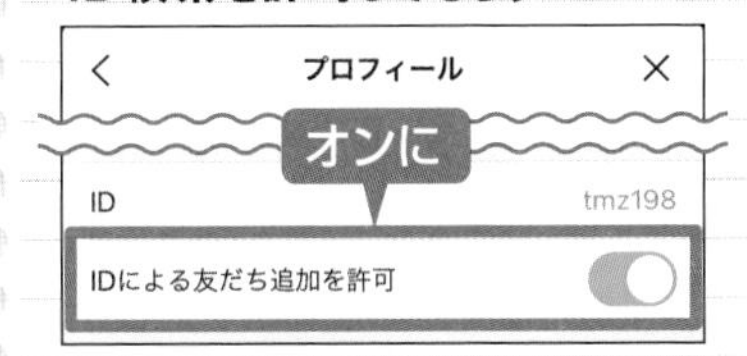

相手のLINEの「設定」→「プロフィール」で、「IDによる友だち追加を許可」をオンにしてもらう。

●電話番号検索を許可してもらう

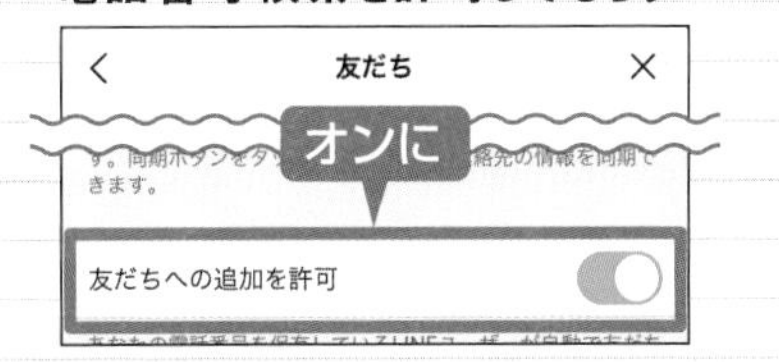

相手のLINEの「設定」→「友だち」で、「友だちへの追加を許可」をオンにしてもらう。

③招待機能を使ってLINEでやりとりする相手を「友だち」に登録する方法 iPhone Android

1 招待の方法を選択する

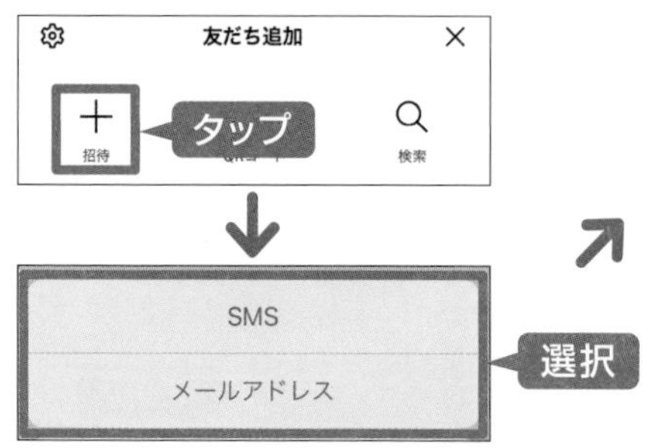

LINEの「ホーム」右上にある「友だち追加」をタップし、「招待」をタップ。「SMS」または「メールアドレス」を選択。

2 招待相手を選んで送信する

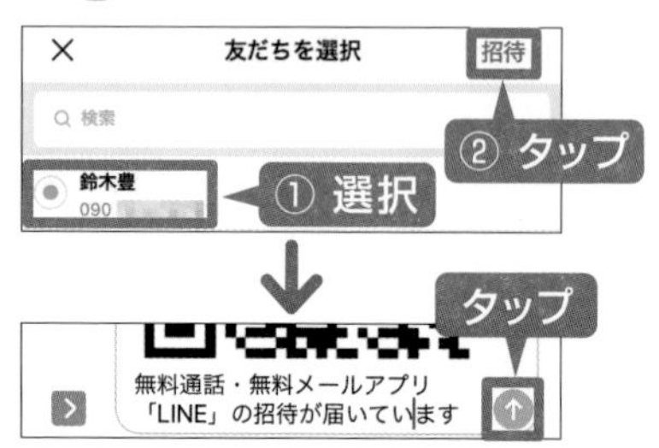

連絡先の一覧が表示されるので、招待したい相手を選択して、「招待」をタップする。自動的に招待用のメッセージが作成されるので、送信ボタンをタップして送信しよう。

3 相手に友だち登録してもらう

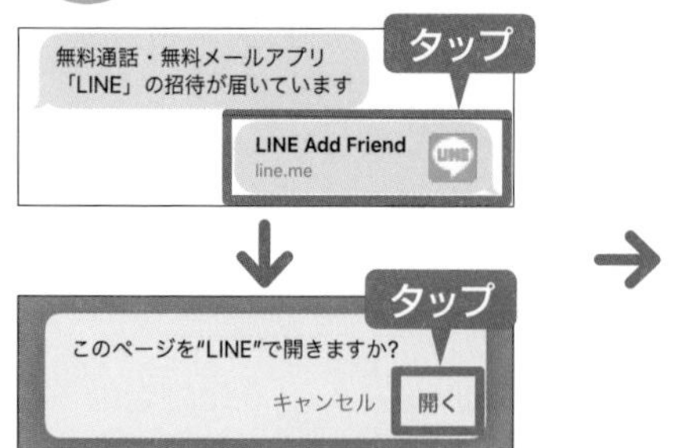

招待メッセージを受け取った相手は、文中にあるリンクをタップ。「このページを“LINE”で開きますか？」と表示されるので、「開く」をタップする。

4 友だちに登録する

アカウントが表示されるので、「追加」をタップすれば友だちとして登録される。

3 複数の人と同時にやりとりできる 緊急連絡網に「グループトーク」を使う

災害時でも家族間の連絡を効率的に行える

LINEでは友だちとして追加した相手と1対1でトーク（メッセージのやりとり）ができますが、**災害対策として使うなら、「グループトーク」が便利です。**

グループトーク？　1対1のやりとりと何が違うんですか？

複数の人を追加してグループを作成すると、**メンバー間で同時にメッセージをやりとりできる**のです。

グループトークなら、**災害時の緊急連絡網としても活用できます。**

家族でグループを作成しておけば、「小学校の避難場所にいて無事です」など、**安否や重要な情報を家族全員に同時に知らせることができます。**

家族用の緊急連絡網としてグループを作成する手順

iPhone **Android**

1 グループ作成画面を開く

LINEの「ホーム」画面の「グループ」をタップし、「グループ作成」をタップする。

2 追加したいメンバーを選ぶ

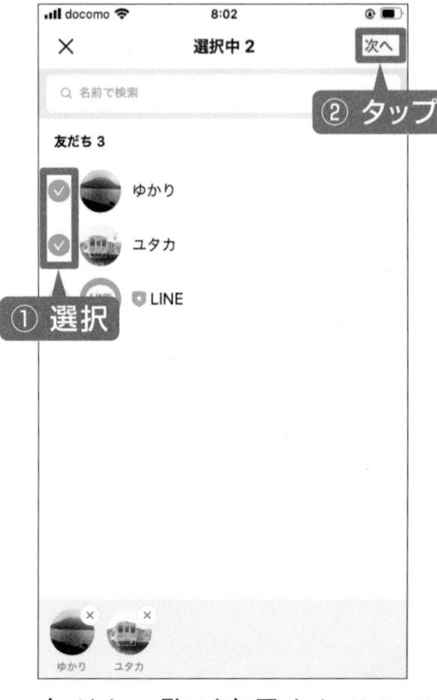

友だち一覧が表示されるので、メンバーに追加したい相手を全員選択し、「次へ」をタップする。

メモ　**メンバー名の先頭にある○をタップすると選択できます（✓が付いた状態）。再度タップすると選択を解除できます。**

3 グループ名を設定する

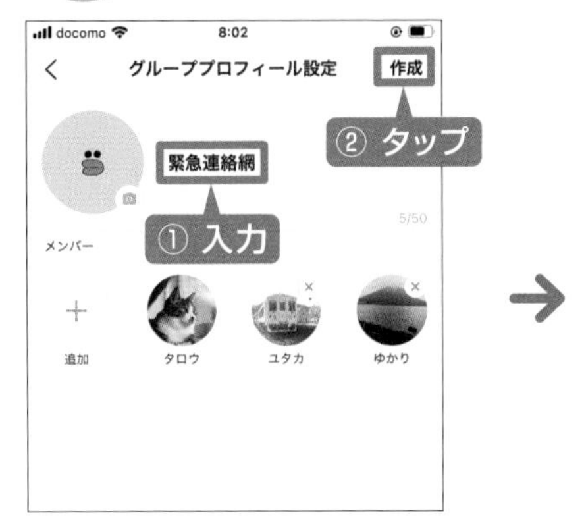

グループのプロフィール設定が表示されるので、好きなグループ名（ここでは「緊急連絡網」）を入力し、「作成」をタップする。

4 グループが作成される

このようにグループが作成され、追加したメンバーには、自動的に「招待通知」が送信される。

5 招待されたメンバーの操作

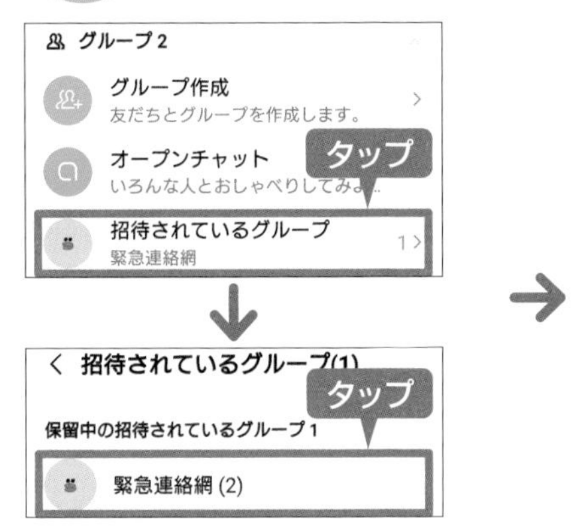

グループに招待されたメンバーは、「ホーム」の「グループ」にある「招待されているグループ」をタップ。表示された画面でグループ名をタップする。

6 グループに参加する

グループのプロフィールが表示されるので、ここで「参加」をタップすればいい。

グループトークの基本的な使い方

iPhone Android

1 トークルームを開く

「ホーム」画面のグループ一覧から、開きたいグループ名をタップする。

2 「トーク」をタップする

グループのプロフィールが表示されるので、「トーク」をタップする。

3 メッセージを送信する

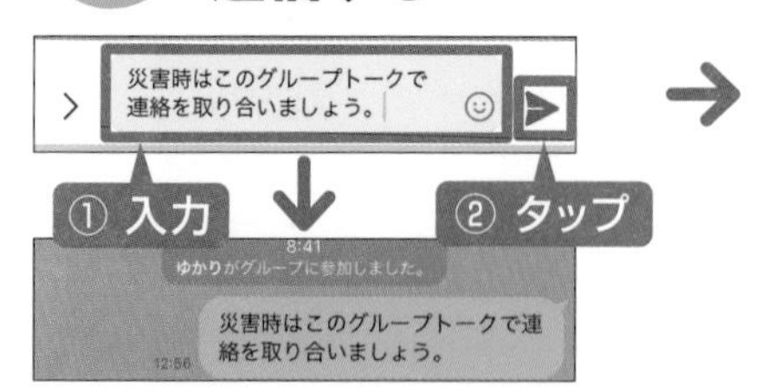

画面下部の入力欄をタップしてメッセージを入力し、横の送信ボタン（青い紙飛行機）をタップする。なお、初期設定では自分のメッセージは右側に、相手のメッセージは左側に吹き出しで表示される。

4 写真やスタンプも送信可能

トークでは入力欄の横にあるアイコンをタップすることで写真（画像）や、「スタンプ」と呼ばれるイラスト、絵文字なども送信できる。

4 名前などに状況を表示できる「ステータスメッセージ」で安否を通知

友だち全員に自分の安否を確認してもらえる

LINEには自分の状況を表示できる**「ステータスメッセージ」**という機能がありますが、これも災害時に活用できます。

たとえば、「中学校に避難中」などと表示すれば、自分の安否を確認してもらうことができます。

ステータスメッセージは、どこに表示されるんですか？

自分の名前の下やプロフィール画面に表示されます。

ただし、ステータスメッセージを更新しても通知はされないので、家族など、確実にメッセージを伝えたい人には個別にメッセージも送信しておくといいでしょう。

ステータスメッセージを設定する手順

iPhone
Android

ステータスメッセージは最大500文字まで設定できますが、**友だち一覧に表示できるのは19文字まで**となっています。なるべく19文字以内に収まるように設定しましょう。

1 設定画面を開く

「ホーム画面」の右上にある、「設定」（歯車のアイコン）をタップする。

2 プロフィール設定を開く

設定項目の一覧から、「プロフィール」をタップする。

3 ステータスメッセージ欄を開く

プロフィールの設定項目の中にあるステータスメッセージ欄をタップする。

4 メッセージを入力して保存する

画面をタップして、表示したいメッセージを入力。ここではアイコンをタップして顔文字の入力も可能。入力したら、「保存」をタップする。

5 ステータスメッセージを確認

設定したステータスメッセージは、「ホーム」の自分の名前の下で確認できる。友だちのLINEでは、友だち一覧の名前の下に表示されるしくみだ。

6 プロフィール画面にも表示される

ステータスメッセージは、「ホーム」だけでなく、プロフィール画面でも表示される。

5 画面上部に固定表示
大事な情報は「アナウンス」でピン留め

特に重要なメッセージを目立たせることが可能

災害時にグループトークでやりとりする場合、「備蓄用の飲料水は押し入れの中にあります」「避難場所に15時に集合」など、**安否や安全に関わる大切な情報は周知徹底**したいものです。

そこでオススメなのが、**「アナウンス」**という機能です。

設定したメッセージを**画面上部に固定表示**できるようになります。

固定表示しておけば、メッセージが増えても埋もれなくなるから、目につきやすくなりますね！

はい。固定表示したメッセージは、ほかのメンバーのトーク画面にも反映されるので、家族全員で大切な情報を共有できるようになります。

「アナウンス」でメッセージを固定表示する手順

iPhone
Android

「アナウンス」機能は、メッセージを長押し（ロングタッチ）してメニューから実行するだけです。状況に応じて、非表示にしたり、最小化することも可能です。

1 メッセージを長押しする

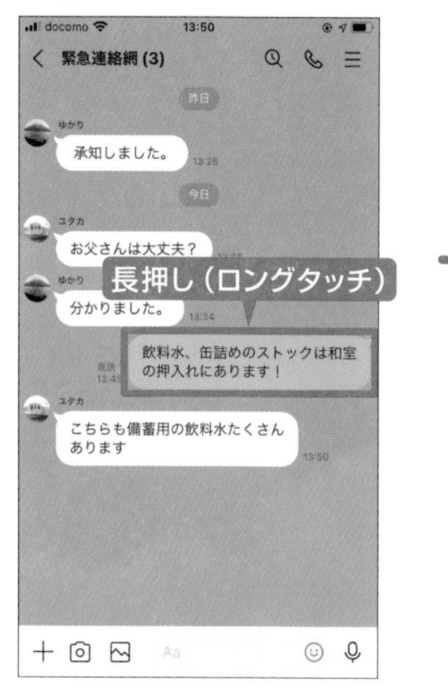

まずは、固定表示したいメッセージを長押し（ロングタッチ）する。

2 「アナウンス」を選択する

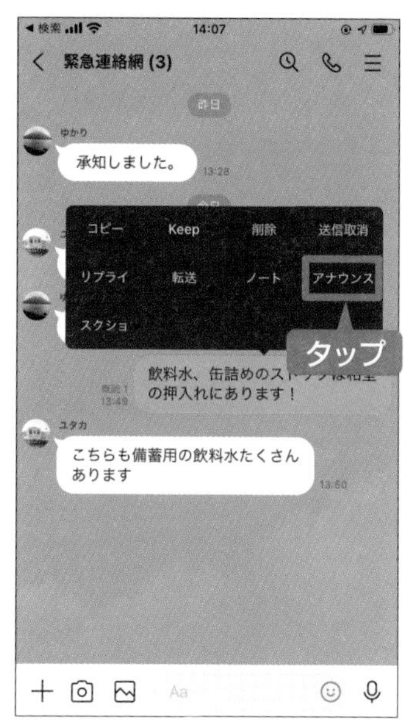

表示されたメニューから「アナウンス」をタップする。

3 画面上部に固定表示される

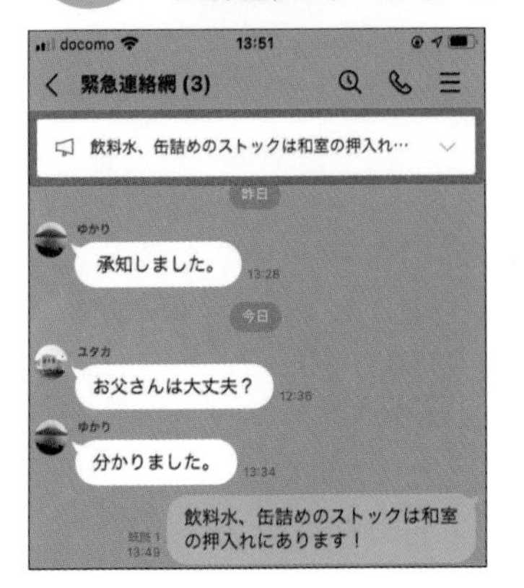

メッセージが画面上部に固定された。ちなみに、固定表示の部分をタップすると画面内の元の吹き出し箇所にジャンプできる。

4 埋もれないので目に付きやすい

メッセージが増えて元の吹き出しが上のほうに流れてしまっても、固定表示されているので目に付きやすいのがメリット。

5 非表示や最小化をする場合

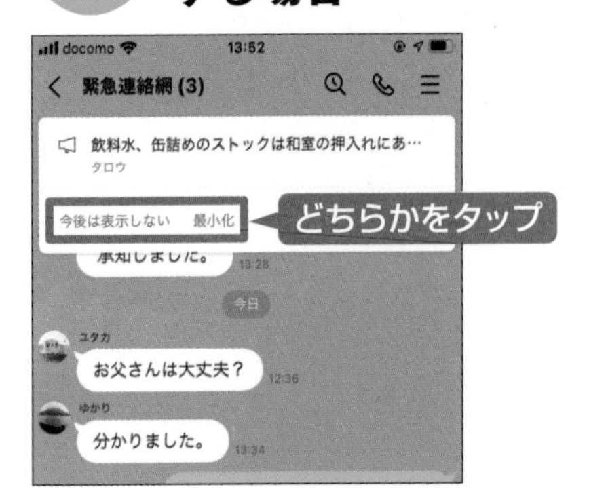

アナウンスの右端の「V」をタップ。「今後は表示しない」をタップすると固定表示を解除、「最小化」をタップするとアイコンのみでの表示にできる。

非表示や最小化は、各ユーザーの画面上だけで実行されます。たとえば、自分の画面上で非表示にしても、ほかの参加者の画面では固定表示が維持されます。

6 現在地や集合場所を知らせる「位置情報送信」機能で地図を送信

土地勘のない場所で被災しても現在地を教えられる

LINEのトークでは、文字、写真、動画などをやりとりできますが、**「位置情報」**も送信できます。

これを使えば、**現在地などを地図で知らせることができる**ので、大変便利です。

災害時にはどんな使い方が考えられますか？

たとえば、あまりなじみのない場所で被災した場合は、住所を文章だけで説明するのは難しいですよね。

そんなとき位置情報を使えば、GPSで現在地を表示して地図で送信できます。

また、避難所の場所を知らせる場合などにも活用できますよ。

トークで位置情報を送信する手順

iPhone
Android

位置情報を送信する場合は、**GPS機能を有効にする**必要があります。確認画面が表示されたら、利用を許可しましょう。

1 追加メニューを表示する

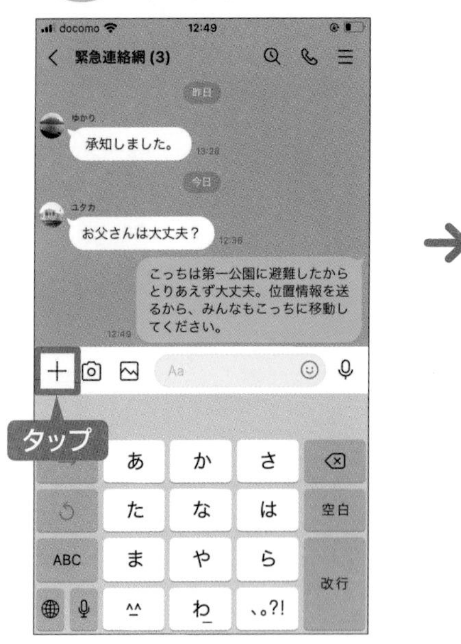

トークの入力欄の左にある「＋」をタップする。

2 「位置情報」を選択する

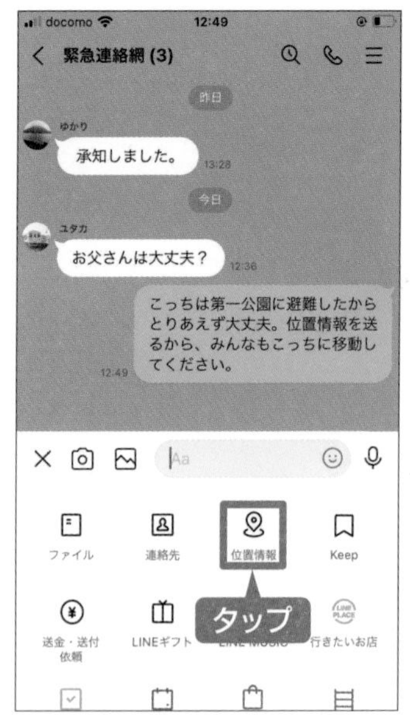

表示されたメニューから「位置情報」をタップする。

3 位置情報の利用を許可する

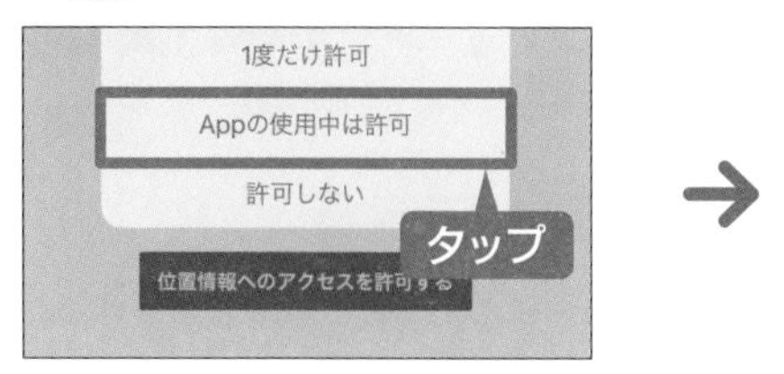

LINEが位置情報を利用する確認画面が表示される。iPhoneは「Appの使用中は許可」を、Androidは「許可」をタップする。

メモ すでに許諾が済んでいる場合は、この確認画面は表示されません。

4 地図で位置を指定して送信

地図画面に切り替わる。自動的に赤いピンが現在地に立つので、上に表示されている住所表示をタップする。

5 トークに位置情報が送信される

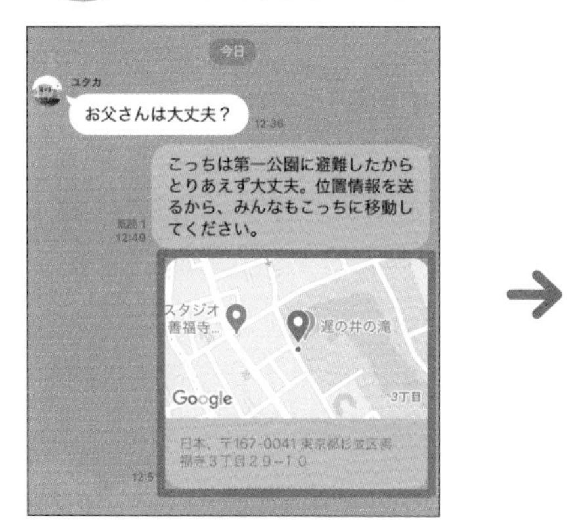

位置情報が送信され、トーク画面に地図のサムネイル画像と住所が表示される。

6 タップすると大きな画面で表示

投稿された位置情報をタップすると、大きな画面で地図の詳細を表示できる。また、上の住所表示をタップすると、ほかのアプリで開いたり、経路の検索なども可能だ。

7 友だちみんなに投稿で知らせる
自分の状況を「タイムライン」に投稿

マメに投稿すれば家族や友だちも安心できる

自分の安否などを友だち全員に知らせるには、ステータスメッセージ（63ページ）もありますが、**「タイムライン」**という機能を使う方法もあります。

タイムラインって何ができるんですか？

自分の近況などを投稿できる機能で、投稿内容はリアルタイムで友だちの「タイムライン」画面に表示されます。

「公園に避難しました」「救援活動中なのでしばらく連絡できません」など、刻一刻と変わる状況を随時投稿すれば、家族や友だちも安心できます。

「タイムライン」で安否などを投稿する手順

iPhone
Android

タイムラインの初期設定では、公開範囲が「全体」になっているため、友だち以外の人にも見られてしまいます。

友だちだけに安否などを知らせる場合は、「すべての友だち」に設定を変更して投稿するように注意しましょう。

1 タイムラインの投稿画面を開く

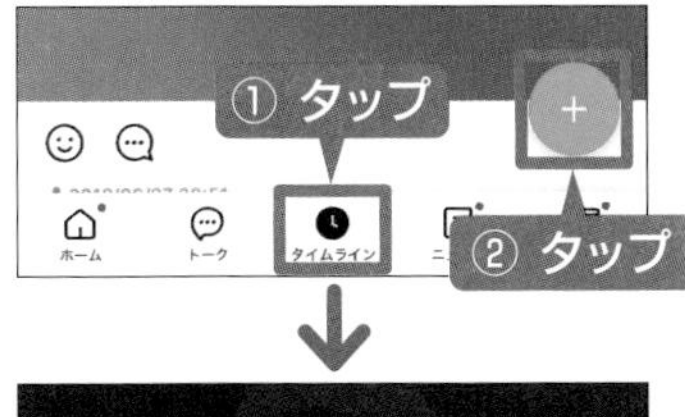

LINEの画面下部の「タイムライン」をタップし、「＋」ボタンをタップ。表示されたメニューで「投稿」をタップする。

2 投稿の公開範囲を設定する

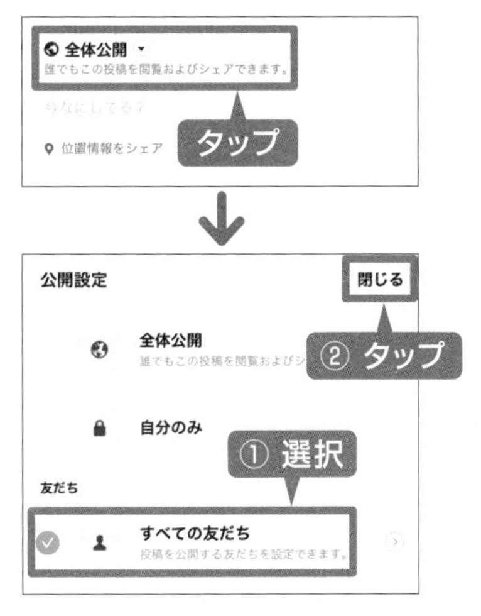

投稿画面が表示されるので、まずは公開範囲を設定する。「全体公開」をタップ。表示されたメニューで「すべての友だち」をタップし、「閉じる」をタップする。

3 投稿したい内容を入力する

公開範囲の設定が終わったら、後は画面上をタップして内容を入力すればOKだ。

4 必要に応じて写真なども追加

もちろん画面下部のアイコンからは画像や顔文字などの追加も可能。入力が終わったら、「投稿」をタップする。

5 投稿は「タイムライン」で確認

投稿は自分や友だちの「タイムライン」画面に反映される。

「LINE災害連絡サービス」にも注目

「LINE災害連絡サービス」は、大規模災害時に自動的にLINEユーザーに通知が届き、3つの選択肢から安否状況をタイムラインに投稿できます。

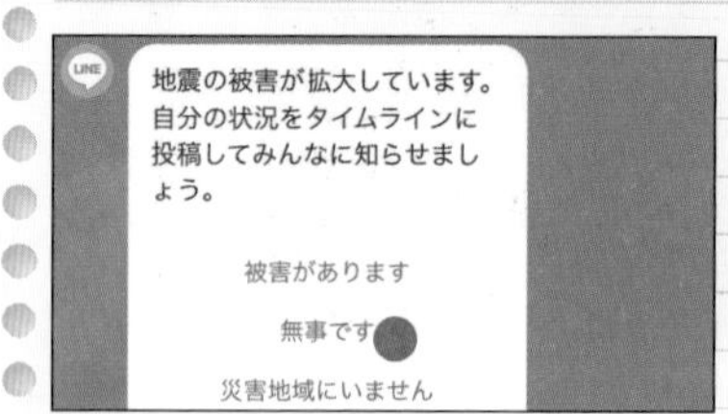

LINE公式サイトで紹介されている「LINE災害連絡サービス」の画面例。

8

重要な情報をいつでも参照
「ノート」で大切な情報を共有しよう

防災に関するメモなどを記録しておくと便利

災害時にLINEでやりとりしていると、家族間の取り決めや、避難場所、備蓄品などの情報をまとめて記録しておきたいときもありますよね。

そこで便利なのがトーク内で利用できる**「ノート」**という機能です。

文字情報はもちろん、画像や位置情報なども記録でき、トークの参加者全員がいつでも参照できます。

家族で決めた防災マニュアルとか、トークのやりとり中にキャッチした重要な情報を記録しておくといいですね。

いいアイデアですね。ノートには、コメントでの返信もできます。大人数で意見の確認をしたいときは、ノートに直接返信してもらうと便利です。

トークの「ノート」機能で情報を共有する手順

iPhone Android

ノートを作成するには、トーク画面右上のメニューアイコンをタップして行うしくみです。

1 トークからメニューを開く

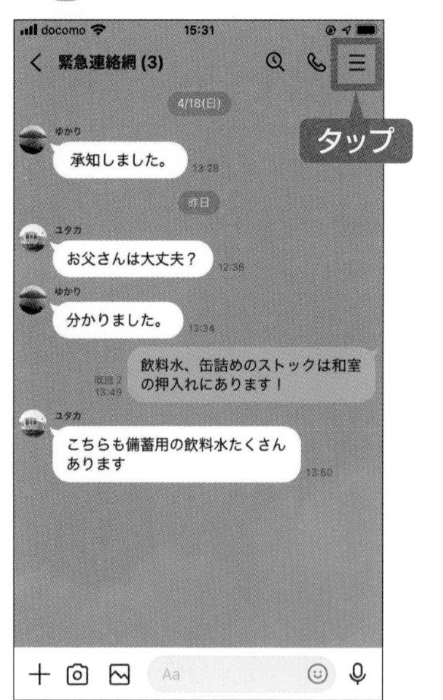

トーク画面を表示した状態で、右上の「メニュー」（三本線のアイコン）をタップする。

2 ノートの画面を開く

項目の中にある「ノート」をタップする。

3 新規作成画面へ進む

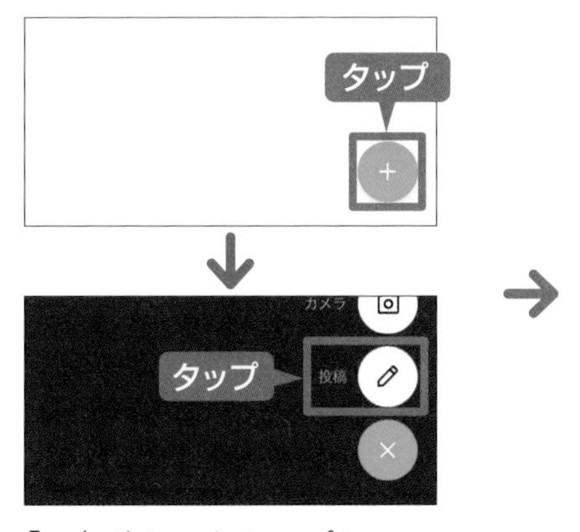

「＋」ボタンをタップし、メニューから「投稿」をタップする。

4 ノートに入力して投稿する

画面上（ノート部分）をタップして情報を入力し、「投稿」をタップする。画面下部のメニューから画像などの追加も可能だ。

5 ノートがトーク上に反映される

投稿したノートは、このようにトーク画面上に反映される。これをタップするとノートの閲覧ができる。

6 ノートの内容を確認する

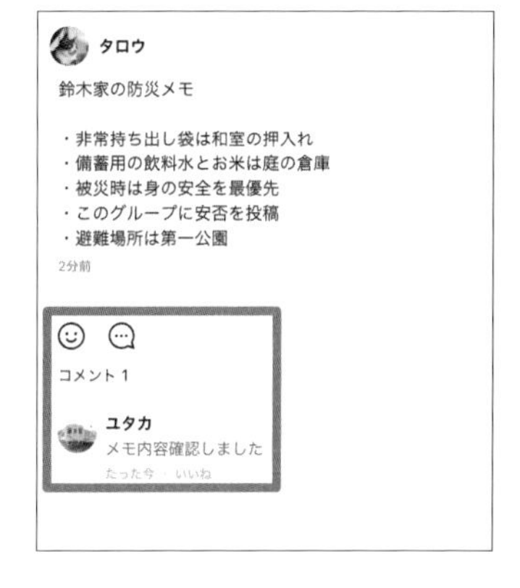

トーク画面からノートを開くと、中身が表示される。画面下部では、コメントやリアクションでの返信ができる。

9 電話回線は救急優先 通話はLINE無料通話で行おう

LINE同士であればネットだけで通話ができる

LINEではメッセージや写真などのやりとりだけでなく、音声通話もできます。

電話回線を使わないので災害時もつながりやすく、通話料もかかりません。

利用条件などはありますか？

お互いがLINEアプリを使っていて、友だち登録していることが条件です。

LINEアプリ同士をインターネットでつないで通話を行うしくみになっています。

音声だけでなく、お互いの映像を見ながら話せるビデオ通話もありますので、状況によって使い分けるといいでしょう。

LINEの「無料通話」を利用する手順 iPhone Android

LINEの無料通話を利用するには、友だちを選んで通話の種類を選ぶだけ。相手が応答すると通話が始まります。

1 友だちを選んで発信する

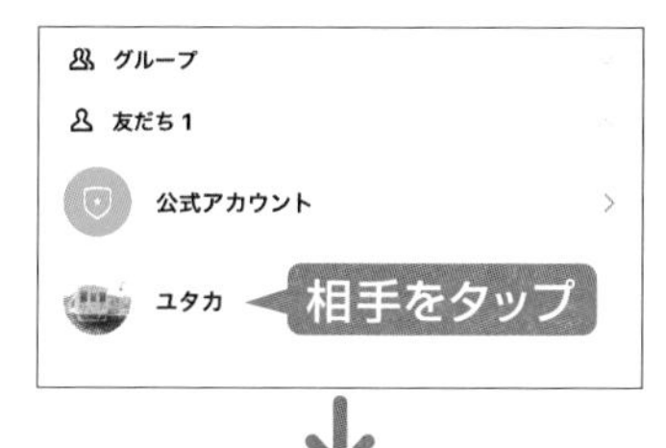

LINEの「ホーム」の友だち一覧から、通話したい相手の名前をタップ。表示された画面で「音声通話」または「ビデオ通話」をタップしよう。

2 相手が応答すると通話がスタート

発信され、着信音で知らされる。相手が応答すると、通話がスタートするしくみだ。

防災ワンポイントコラム

緊急時の"ホットライン"の役割

LINEは大震災の教訓から生まれたツール

本章で紹介してきたように、LINEには災害対策に活用できる機能が豊富にそろっています。それもそのはずで、実はLINEは東日本大震災をきっかけに開発されたツールなのです。

震災で家族などと連絡が取れなかった経験を元に、スマホで人とつながるコミュニケーションアプリとして、2011年6月に誕生しました。その防災に対する強い思いが現れているのが、「既読」です。相手がメッセージを読んだことを示すおなじみの機能ですが、もともとは被災時でもメッセージを目にしたことが相手に伝わるようにと付けられた機能です。

ほかにも「位置情報送信」機能など、災害時の安否確認に便利な機能も搭載。単なるコミュニケーションアプリにとどまらない"ホットライン"として活用できます。

また、LINEは自治体との連携も積極的に行っています。包括的な連携協定を各自治体と結び、防災情報をはじめとした自治体の情報発信に貢献しています。

●「既読」はLINEならではのこだわり

時には煩わしいと感じる「既読」機能だが、災害時には安心を得られる場合もある。

●防災への積極的な取り組み

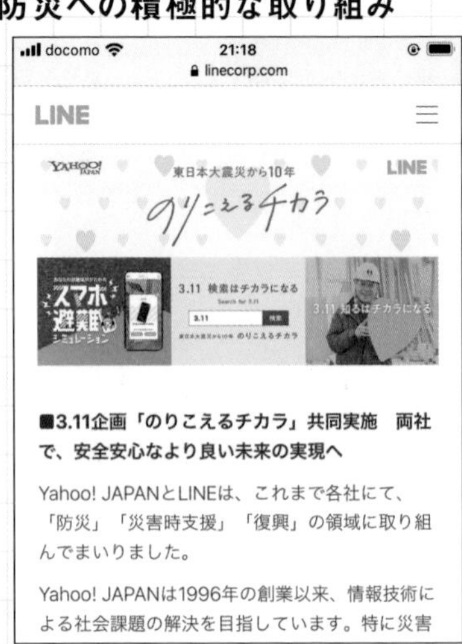

LINEは社を挙げて災害対策に取り組んでおり、2021年3月からはヤフージャパンと防災分野での連携をスタートした。

第4章

知っていると役立つ！

緊急時のスマホ活用のテクニック

「災害用伝言板」の使い方や、警察や救急への
素早い通報の操作、スマホでラジオを聴く方法など、
いざというときに
役立つテクニックを紹介します。

1

災害時に提供されるネット伝言板
安否確認は「災害用伝言板」を使おう

三大キャリアとNTTがそれぞれ設置している

携帯電話の三大キャリア（ドコモ、au、ソフトバンク）とNTTでは、大規模な災害が発生した場合に安否状況を登録・確認できる**「災害用伝言板」**を開設します。

この**伝言板に自分の安否情報を登録しておけば、家族や友人などが検索して安否を確認できるしくみ**です。

大きな災害になると、電話がつながりにくくて安否確認も難しくなるというから、助かりますね。

どうやって使うんですか？

利用している携帯電話会社などによって使い方は異なりますので、事前にホームページなどで確認しておきましょう。

ここでは使い方の例として、ドコモの場合を紹介します。

なお、NTTでは災害用伝言板とは別に、電話で安否情報を登録・確認できる**「災害伝言ダイヤル」（詳細は86ページ）**もあります。

各社の掲示板は連携しているので一括確認が可能

安否情報の登録や確認は、下の表のように自分が契約している携帯電話会社のアプリから行います。また、NTTの伝言板（web171）は契約している通信会社に関係なく、すべてのユーザーが利用できます。

また、**各社の伝言板の登録情報はすべて連携しています。検索した相手の情報が他社の伝言板にある場合も一括で確認できるのが特徴です。**

● 各通信会社の災害用掲示板の概要

掲示板の種類	安否登録できる人	安否登録に使うアプリ	安否の確認
ドコモ災害用伝言板	ドコモユーザー	「災害用キット」または「dメニュー」	登録された安否情報はすべて連携しているので、どの掲示板から確認してもOK
au災害用伝言板	auユーザー	「au災害対策」	
ソフトバンク災害用伝言板	ソフトバンク（ワイモバイルを含む）	「災害用伝言板」	
web171（NTT東日本・西日本）	ネットを利用できる全ユーザー	不要（ブラウザーから）	

災害用伝言板は大規模災害時に開設されるものですが、以下の日には体験版を利用できます。

- **毎月1日、15日**
- **防災週間（8月30日〜9月5日）**
- **防災とボランティア週間（1月15日〜21日）**
- **正月三が日（1月1日〜3日）**

いざというときにスムーズに利用できるように、操作の練習をしておくといいでしょう。

安否状況の登録例（ドコモの場合）

iPhone
Android

1 「災害用伝言板」を開く

「災害用キット」アプリを起動し、「災害用伝言板」の下の説明文をタップする。

2 登録画面へ進む

メニューが表示されるので、「登録する」をタップする。

3 伝えたい状況を選ぶ

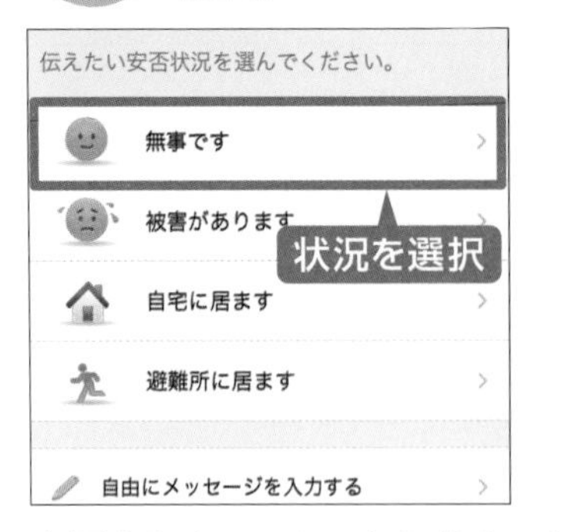

表示されたリストから伝えたい状況をタップする。文章を入力したい場合は、「自由にメッセージを入力する」をタップして入力すればいい。

4 内容を確認して登録する

設定した伝言内容が表示されるので、内容を確認して「登録する」をタップ。これで登録が完了する。

安否状況の確認例（ドコモの場合）

iPhone
Android

1 災害用伝言板の「確認する」へ進む

「災害用キット」アプリを起動し、「災害用伝言板」の「確認する」をタップする。

2 確認したい相手の電話番号を入力

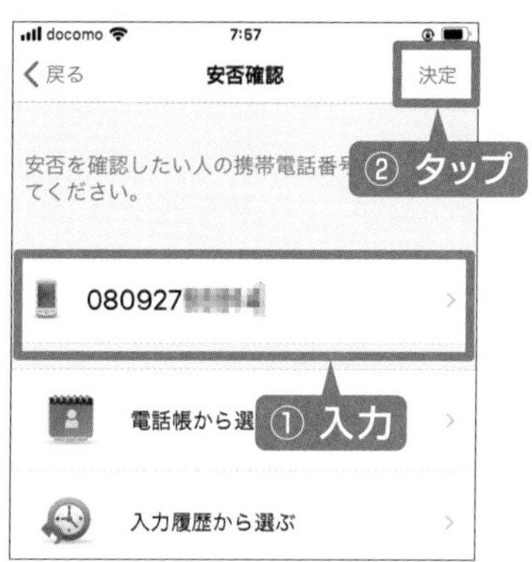

安否を確認したい相手の電話番号を入力し、「決定」をタップする。

3 安否情報の詳細を確認する

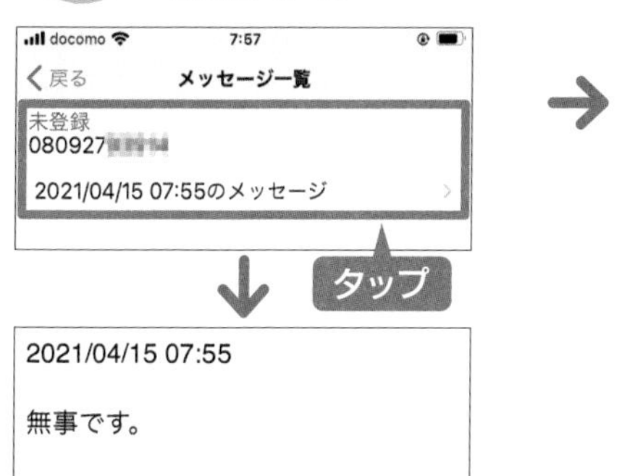

該当する情報がある場合はリストに表示される。これをタップすると、メッセージが表示されるしくみだ。

4 他社で登録された情報も表示される

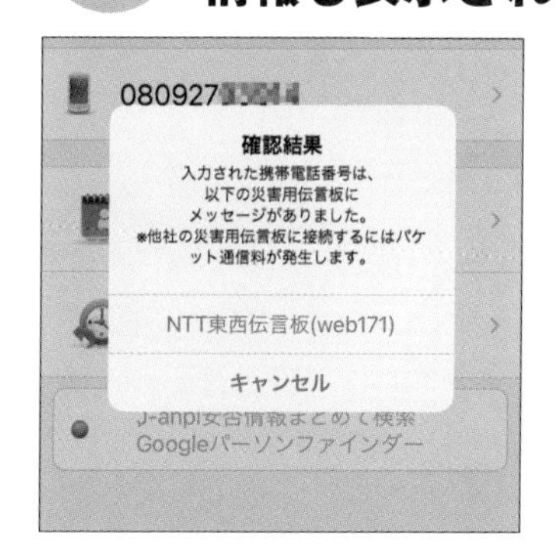

各社の災害用伝言板は連携しているため、他社で登録した情報がある場合も表示できる。

2 安否情報を音声で録音・確認
災害伝言ダイヤル「171」を利用しよう

災害時にもつながりやすい安否確認専用ダイヤル

82ページで紹介した「災害伝言板」以外にも、安否確認の方法があります。

それが、NTTが大規模災害時に提供する**「災害伝言ダイヤル」**です。

「171」に電話をかけて利用するしくみで、案内に従って安否情報を音声で録音・再生できます。

でも、災害時は電話がつながりにくいんじゃないんですか？

この災害伝言ダイヤルでは、**被災地外にある伝言センターに接続するので、つながりやすくなっているのです。**

体験利用日（83ページ参照）もありますので、事前に家族で試しておくことをオススメします。

災害伝言ダイヤルの使い方

iPhone Android

災害伝言ダイヤルは、以下の図のような流れで利用します。

なお、録音内容は83ページでご紹介した「災害用伝言板（web171）」にも反映されるので、他社の伝言板から検索して録音データを聴くことも可能です。

● スマホから災害伝言ダイヤルを利用する流れ

「171」に電話をかける

伝言を録音する場合

ガイダンス後、「1」を押す

自分の電話番号を入力し、案内のあとに「1」を押す

30秒以内で内容を話し、最後に「9」を押す

伝言を確認する場合

ガイダンス後、「2」を押す

確認相手の電話番号を入力し、案内のあとに「1」を押す

伝言が再生され、録音した日時が案内される

3 最短ステップで発信

警察や救急などに素早く通報する

ロックの解除不要で緊急番号に電話をかけられる

もしも自分や家族が被災してケガを負ったり、事故などが起こったりしてしまった場合は、消防や警察に救助を要請することになります。

一刻を争う状況だけに、できるだけスピーディーに電話をかけたいですよね。

緊迫した場面では、動揺しそうですね。しかも、スマホの場合は、ロックを解除する手間もあるし……。

普段は当たり前にできることも、災害時は気が動転してしまうものです。

そこでぜひ知っておきたいのが、**スマホ標準の機能を使って、警察や消防に素早く電話をかける方法**です。

ロックを解除することなく電話をかけられるので、ぜひ活用してください。

警察や消防に最速で発信する！ iPhone

1 「緊急SOS」を表示する

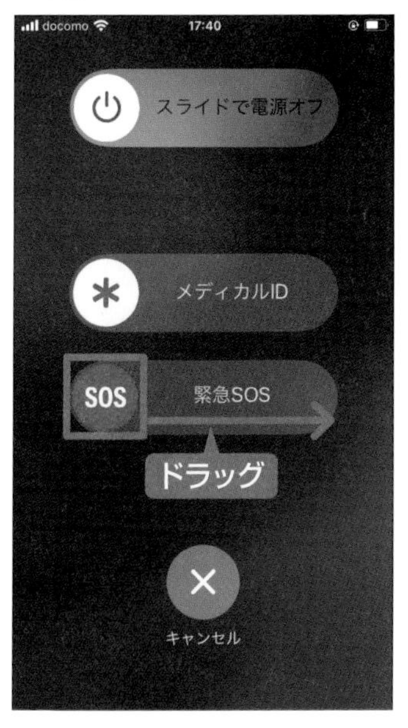

iPhoneの電源ボタンと本体左側のボリュームボタンを同時に長押しする（iPhone 7以前の機種は電源ボタンを素早く5回押す）。表示された画面で、「SOS」ボタンを右端へドラッグしよう。

2 ワンタップで発信できる

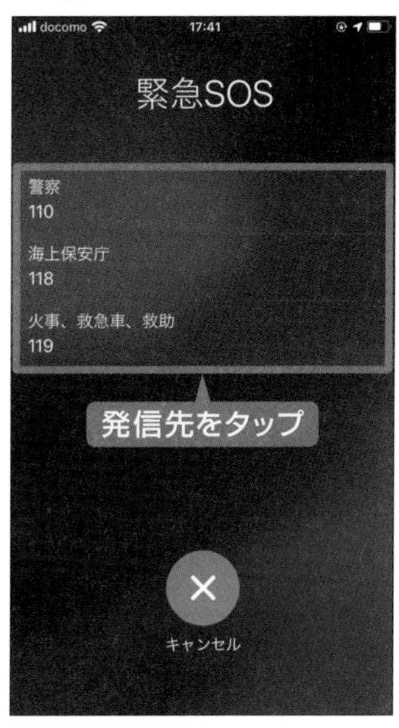

緊急番号の一覧が表示される。ここから発信先をタップするだけで電話をかけられる。

警察や消防に最速で発信する！ Android

1 緊急用の画面を表示する

Androidでは機種によって画面などが多少異なるが、ロック画面の「緊急／情報」をタップする。

2 緊急番号のみ発信可能

緊急通報専用のダイヤル画面が表示される。ここで「110」や「119」などを入力し、下の発信ボタンをタップすればいい。

家族などの緊急連絡先に発信する方法は？

100〜104ページで紹介している方法で、事前に家族などの緊急連絡先を登録しておくと、ロック解除不要で素早く電話をかけることができます。

iPhone

89ページ手順①の画面を表示し、「メディカルID」を開き、「緊急連絡先」で登録済みの番号をタップする。

Android

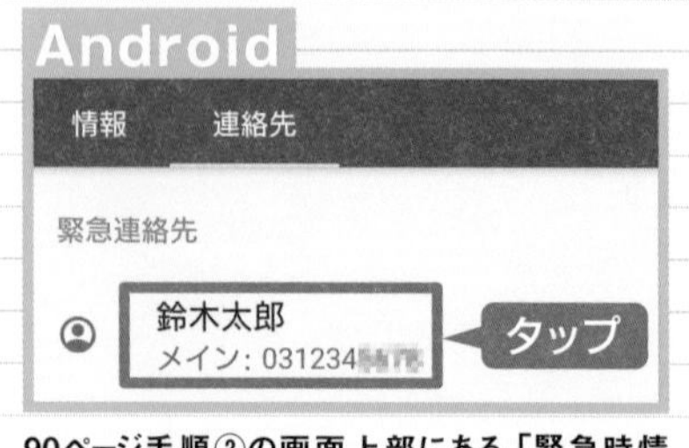

90ページ手順②の画面上部にある「緊急時情報」を2回タップし、「連絡先」で登録済みの番号をタップすればいい。

4 被災地域に臨時的に提供
災害専用の無料Wi-Fiを利用しよう

「00000JAPAN」をタップするだけで利用可能

災害時にスマホを使うには、より高速で安定した通信環境がほしいところですよね。

そこで知っておきたいのが、**被災地だけに臨時開放される無料の公衆無線LAN（ラン）「00000JAPAN（ファイブゼロジャパン）」**です。

記憶に新しいところでは、「令和2年7月豪雨」の際に、福岡県、大分県、熊本県、鹿児島県、長野県、岐阜県の全域で開放されました。

Wi-Fi （ワイファイ）接続なら、携帯電話会社のデータ通信量を消費しません。通信容量を気にすることなく、インターネットが使えます。

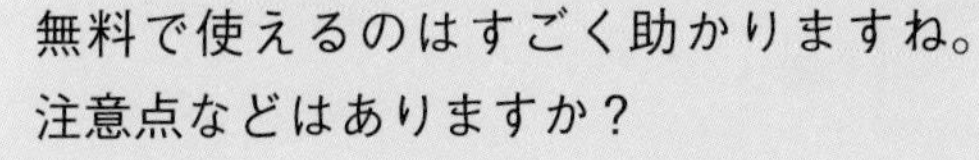

「00000JAPAN」は利便性優先で、暗号化などのセキュリティは設定されていません。

個人情報の入力や金融系のサービスの利用は控え、安否確認や情報収集のみに利用してください。

「00000JAPAN」のWi-Fiに接続する手順

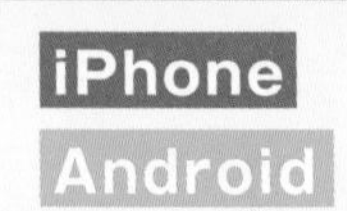

「00000JAPAN」は、災害時に必要だと判断された地域だけに開放される特別なアクセスポイントです。

パスワードは不要で、スマホのWi-Fi設定を開き、「00000JAPAN」をタップするだけで接続できます

iPhoneの場合

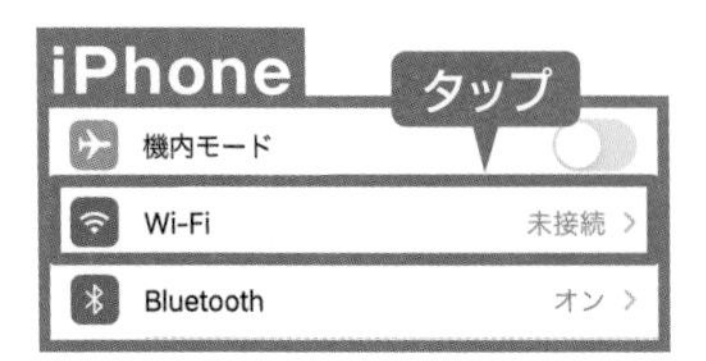

iPhoneでWi-Fiに接続するには、「設定」→「Wi-Fi」をタップする。

Androidの場合

AndroidでWi-Fiに接続するには、「設定」→「ネットワークとインターネット」→「Wi-Fi」をタップする。

「00000JAPAN」を選ぶだけ

KDDIがTwitterで紹介した画面例。Wi-Fi設定のアクセスポイント名（SSID）に表示された「00000JAPAN」をタップすれば接続できる。

5 緊急時に明るく照らす スマホを懐中電灯の代わりにする

懐中電灯がないときはスマホのライトを活用

懐中電灯は防災グッズの定番のひとつですが、常に携帯しているわけではありませんよね。

外出先で被災したときに停電したら怖いわ……。

そこで覚えておいてほしいのが、右の写真のように**スマホの背面ライトを懐中電灯として使う方法**です。

懐中電灯ほど光源は大きくありませんが、暗闇の中を移動する場合などには、かなり助かります。

スマホの背面ライトを点灯する方法

iPhone
Android

iPhoneの場合

画面右上隅から下（iPhone 8以前は画面下端から上）へスワイプすると、コントロールセンターが表示されるので、ライトのアイコンをタップすればいい。オフにするときは再度タップすればOKだ。

Androidの場合

画面上端から下へスワイプすると、クイック設定が表示されるので、ライトのアイコンをタップする。オフにするときは再度タップしよう。

「スワイプ」は、画面に触れた1本の指を滑らせるように動かす操作のこと。ホウキで掃くイメージで動かしてみてください（スマホの基本操作は126ページ参照）。

6

災害時には大きな存在感
スマホでラジオを聴いて情報収集しよう

地域密着の情報収集と音楽などでリラックス

災害時の情報収集には、TwitterやLINEだけでなく、ラジオも頼りになります。

- **情報の速報性**
- **地域密着の詳細な情報（特にコミュニティFM局）**
- **パーソナリティーとリスナーとの双方向のやりとり**

これらの特徴に加え、音楽も聴くことができるので、被災者の気持ちを癒やしてくれます。

パーソナリティーの方に、「みなさん一緒に頑張りましょう」って言ってもらうだけで心強いですよね。流す曲もリスナーの気持ちに寄り添って選んでくれますし。

ラジオは防災グッズのひとつとして用意しておくと安心ですが、持っていない場合でも、**スマホアプリで聴くことができます**。

NHK、民放、コミュニティFMのすべてを聴くことができるので、ぜひインストールしておきましょう。

「radiko（ラジコ）」でNHKや民放ラジオ局を聴く

iPhone Android

アプリ名●radiko
開発者：radiko Co.,Ltd.
価格：無料
対応：iOS／Android
無料でラジオが聴けるサービスです。スマホにアプリをインストールして利用します。

iPhone

Android

現在放送中のラジオを聴く

アプリを起動後に「ホーム」を開き、放送局の一覧から聴きたい局を選択すればいい。

「タイムフリー」で過去番組を聴く

radikoでは、過去1週間以内の番組も聴ける（NHKを除く）。「番組表」をタップし、上から放送日を選択して番組を選べる。

「TuneIn Radio（チューンイン ラジオ）」でコミュニティFM放送を聴く iPhone Android

アプリ名●TuneIn Radio
開発者：TuneIn
価格：無料
対応：iOS／Android
国内外のラジオを無料で聴けるサービス。スマホにアプリをインストールして利用します。

iPhone

Android

ローカルラジオ局を聴く

コミュニティFMを聴くには、「ホーム」をタップし、上のメニューから「ローカルラジオ局」をタップ。一覧から放送局をタップすればOK。

他地域の放送局も聴ける

TuneIn Radioでは居住地域以外のコミュニティFMも聴ける。「検索」をタップし、都道府県名などで検索すると放送局を探せる。

7

避難所も油断禁物
スマホで災害時の犯罪から身を守ろう

スマホを防犯ブザーとして利用する

災害時には警察も災害対応に動員されるため、街の治安に影響が出る場合も少なくありません。

いわゆる"火事場泥棒"もそうですが、女性や子どもに対する暴行事件の例も報告されています。

また、**避難所は不特定多数の人が出入りし、ストレスも多いため、トラブルや事件を誘発しやすい**側面もあります。

怖いですね……。どうやって身を守ればいいのでしょうか？

家族はできるだけ一緒に行動すること、特に女性や子どもは絶対に一人にさせないように注意してください。

そのうえで、万一のために防犯ブザーを使いましょう。**スマホで利用できる防犯アプリ**がありますので、ぜひ活用してください。

警視庁の「Digi Police（デジポリス）」で防犯ブザーなどを使う

iPhone Android

アプリ名●Digi Police
開発者：dawn corp.
価格：無料
対応：iOS／Android
警視庁公認の防犯アプリ。防犯ブザーや犯罪知識などは東京都以外の地域でも活用できます。

防犯ブザー機能を使う

画面左下の「防犯ブザー」をタップし、画面上をタップするとマナーモードにしていてもブザーが鳴る。

女性や子ども向けの防犯知識を学習

警視庁公認のアプリだけあり、防犯知識も豊富に掲載。「ホーム」の「子供と女性の安全」では、具体的な防犯対策などが解説されている。

8

緊急時にロック画面から表示

医療情報を表示する機能を使う

災害時の応急手当がスムーズに行える

被災時には、ケガや病気で身動きが取れなくなったり、意識を失ってしまったりするケースも考えられます。

そこでぜひ備えておきたいのが、**氏名や生年月日、血液型、持病やアレルギーの有無などを明記した医療情報**です。

医療情報はどんなときに役立つんですか？

たとえば、救急隊員などが駆けつけて医療情報を見れば、スムーズかつ適切な応急手当ができます。

実はスマホには、この医療情報を登録できる機能があるのです。緊急時には、ロック画面からパスコード不要で素早く表示できます。

もちろん、医療情報は紙に書き出して携帯しておくのもオススメです。スマホと合わせて二重に備えておくといいでしょう。

「メディカルID」を登録して表示する手順 iPhone

iPhoneの場合、標準搭載されている「ヘルスケア」アプリに含まれる「メディカルID」に医療情報を登録します。

1 メディカルIDを作成する

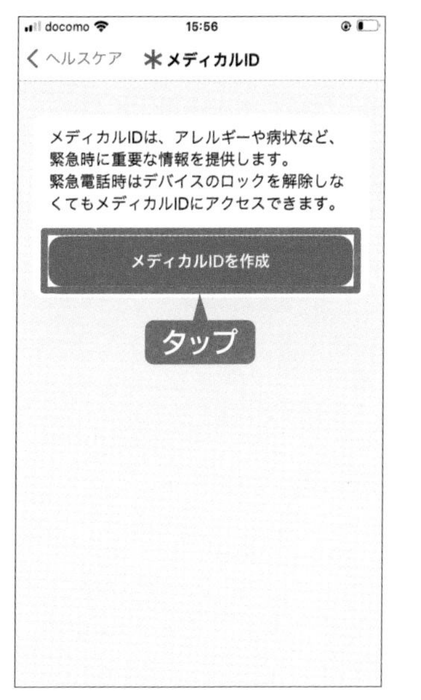

iPhoneの「設定」→「ヘルスケア」→「メディカルID」を開き、「メディカルIDを作成」をタップする。

2 必要事項を入力していく

docomo 16:04
キャンセル メディカルID 次へ
情報
写真を追加 鈴木誠司
生年月日 1986/04/12
病気/けがについて
痛風
医療メモ
現在治療中
アレルギーと反応
小麦粉
使用中の薬
フェブリク
血液型 A+

氏名、生年月日、血液型、持病、アレルギーなどの各項目に必要事項を入力する。

3 緊急連絡先を追加する

「緊急連絡先を追加」をタップして、緊急連絡先にする相手を指定する。「ロック中に表示」をオンにして、右上の「次へ」をタップする。

内容を確認して完了する

設定したメディカルIDの内容が表示されるので、「完了」をタップして終了しよう。

5 ロック画面で「緊急」を開く

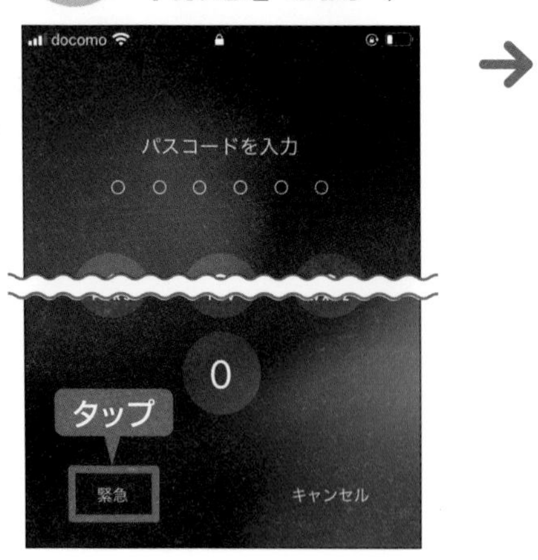

緊急時にメディカルIDを表示するときは、ロック画面の左下にある「緊急」をタップする。

6 メディカルIDが表示される

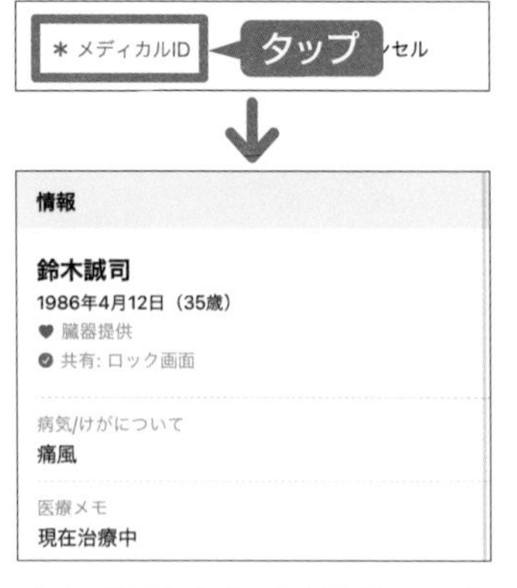

次に表示された画面で、「メディカルID」をタップすると、作成済みのメディカルIDが表示されるしくみだ。

「緊急時情報」を登録して表示する手順 Android

Androidの場合、「設定」の「端末情報」にある「緊急時情報」に医療情報を登録します。

1 「緊急時情報」の画面を開く

Androidの「設定」→「システム」→「端末情報」を開き、「緊急時情報」をタップする。

2 「情報の編集」を開く

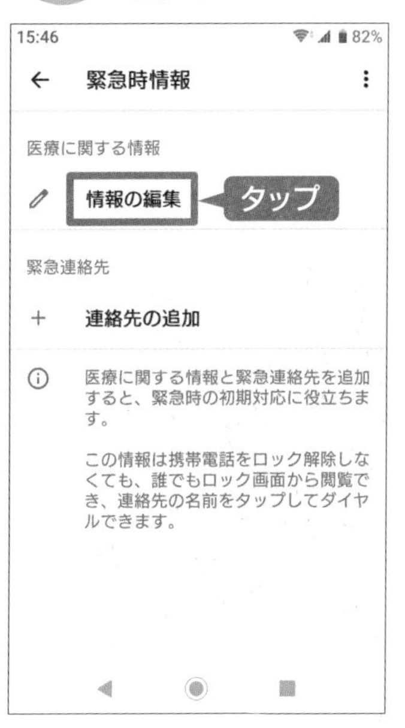

表示された画面にある「情報の編集」をタップする。

3 必要事項を入力する

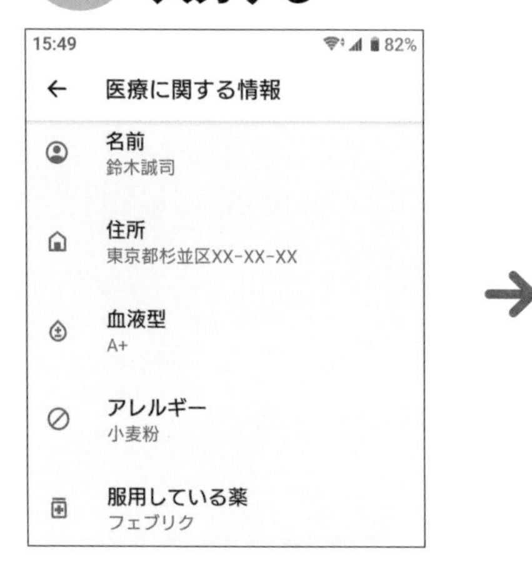

氏名、住所、血液型、持病、アレルギーなどの各項目に必要事項を入力する。

4 緊急連絡先を追加する

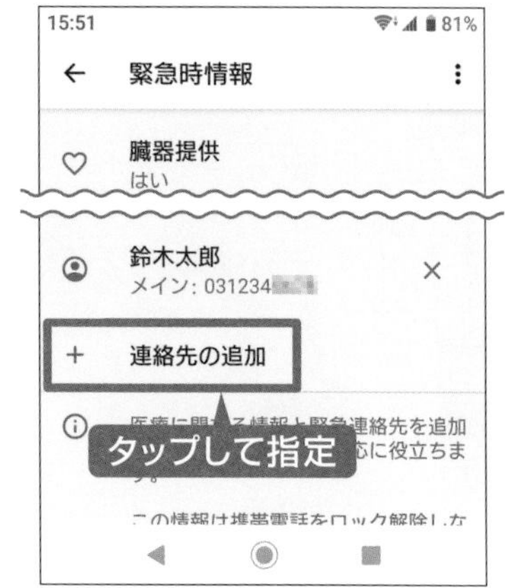

「連絡先の追加」をタップして、緊急連絡先にする相手を指定すれば設定は完了だ。

5 ロック画面で「緊急／情報」を開く

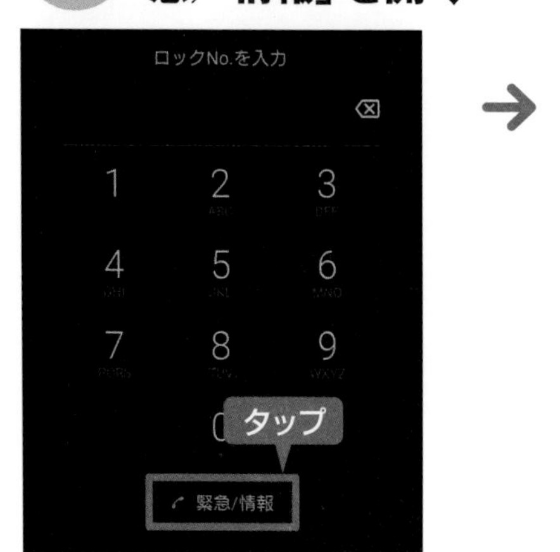

緊急時に医療情報を表示するときは、ロック画面の下にある「緊急／情報」をタップする。

6 内容を確認して完了する

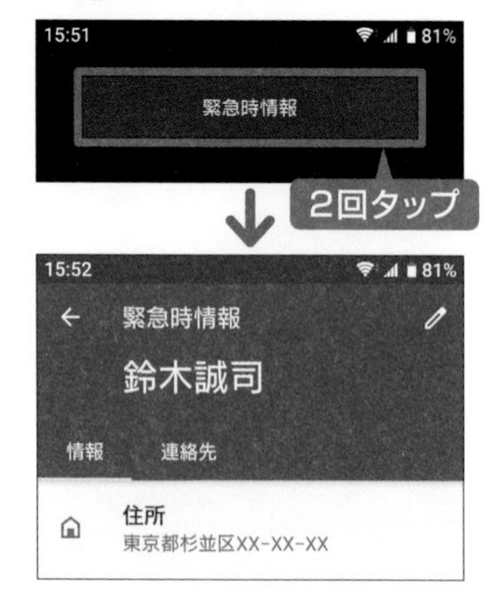

次に表示された画面で、「緊急時情報」を2回タップすると、作成済みの緊急時情報が表示される。

9 みんなの居場所が瞬時に分かる 家族の現在位置を共有しよう

家族でアプリを使ってお互いの居場所を確認

災害は時と場所を選びません。通勤や通学途中、仕事の出張中、部活の大会中など、家族それぞれが異なる場所で被災する可能性もあります。

このようなときは、**真っ先に家族の居場所を確認したい**ですよね？

LINEなどで連絡がつけばいいけれど、すぐに連絡できないこともあるから心配です。

そんなときに便利なのが**「Life360」**というアプリです。

これを家族全員のスマホにインストールすれば、お互いの居場所をリアルタイムで地図上に表示できます。

導入手順をご紹介しますので、ぜひ参考にしてください。

「Life360」にユーザー登録して新規サークルを作成する手順

iPhone Android

アプリ名 ●Life360
開発者：Life360
価格：無料
対応：iOS／Android
GPSを利用して位置情報を共有できる無料のアプリ。地図上で位置を確認できます。

iPhone

Android

1 起動して電話番号を入力する

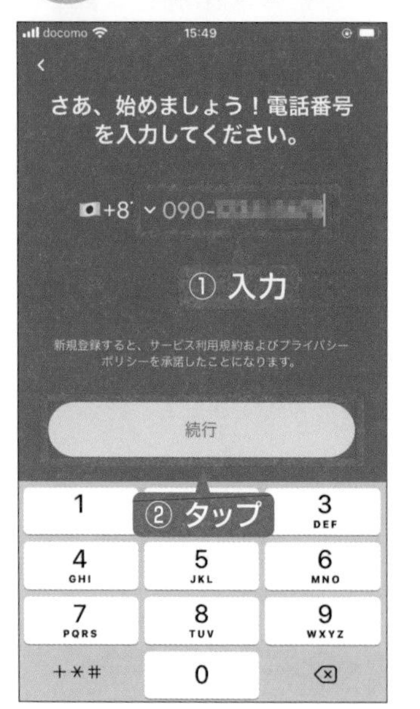

アプリをインストールしたら起動して、「さあ、始めましょう」をタップ。自分のスマホの電話番号を入力し、「続行」をタップする。

2 名前を入力する

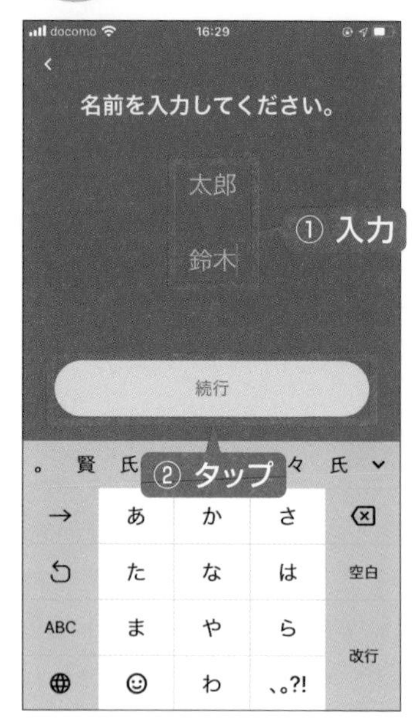

地図での表示を考慮して、名・姓の順に名前を入力して「続行」をタップする。

3 メールアドレスを入力する

受信可能なメールアドレスを入力し、「続行」をタップする。

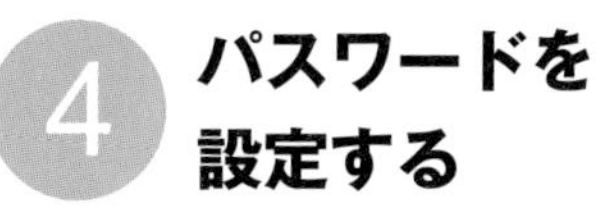

4 パスワードを設定する

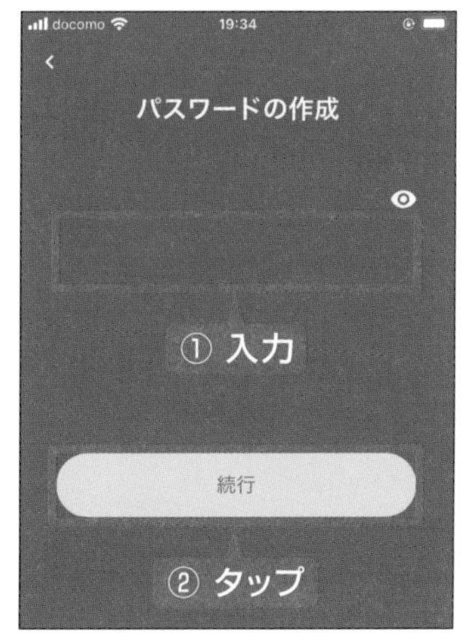

設定したい任意のパスワードを入力し、「続行」をタップする。

5 サークル作成画面へ進む

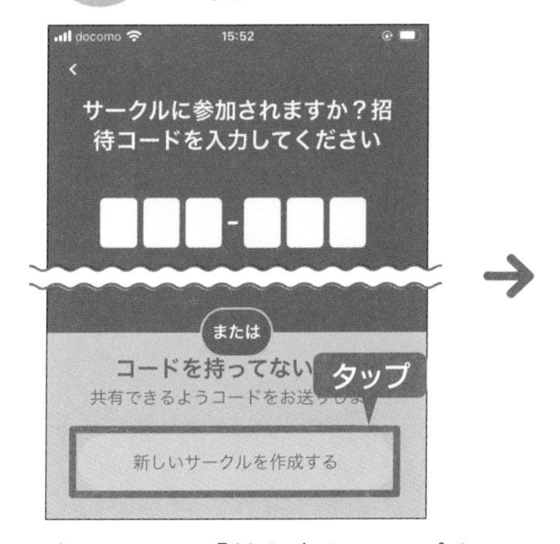

次の画面で「続行」をタップすると、サークル参加用の画面が表示されるので「新しいサークルを作成する」をタップする。

6 サークル名を入力する

好きなサークル名を入力し、「続行」をタップする。

設定を行って家族の位置情報を確認する手順

iPhone
Android

1 招待コードを共有する

以降は必要な設定を行っていく。サークルを作成した時点で招待コードが発行されるので、これをほかの家族に教えておき、「共有している」をタップ。

2 緊急連絡先を追加する

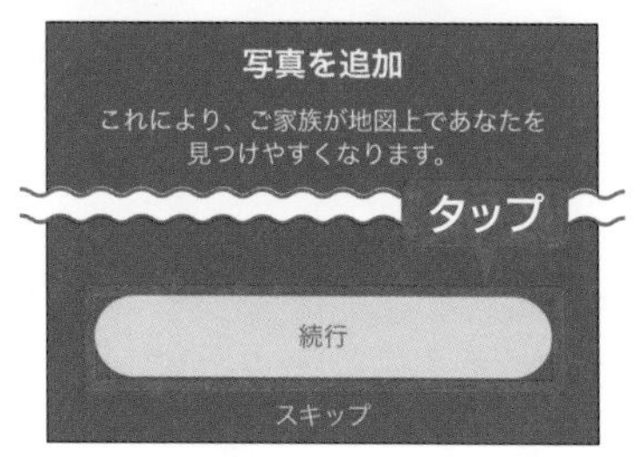

次の画面で自分の続柄（父、息子など）を選択する。「写真を追加」という画面では、必要に応じてアイコンに画像を追加できる。設定したら、「続行」をタップ。

3 位置情報の有効などの設定を行う

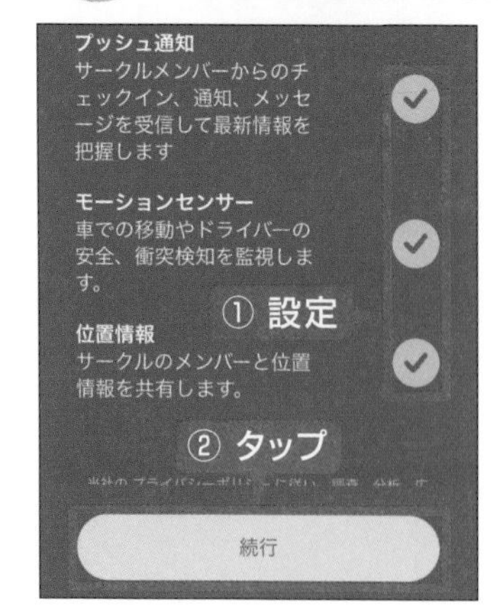

各項目をタップして設定を有効にする。終わったら、「続行」をタップ。

4 内容を確認して完了する

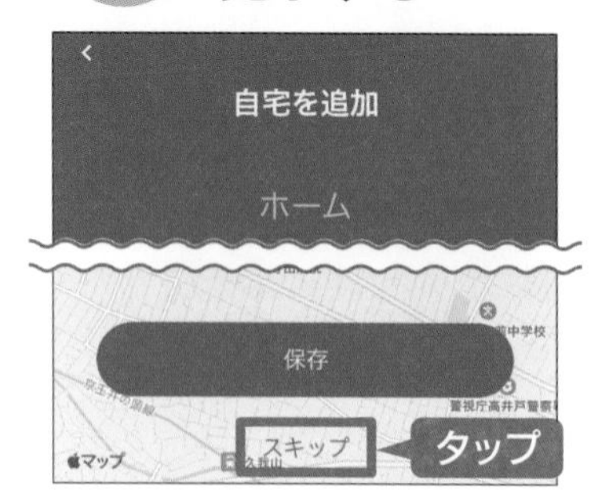

次の画面で「続行」をタップすると、自宅などの追加画面が表示されるが、ここでは災害時の位置確認に使うので、そのまま「スキップ」をタップする。

5 有料機能の案内をスキップする

ここで有料機能に関する案内が表示されるので、一番下の「後で行う」をタップしてスキップしよう。

6 ほかの家族は招待コードを入力

なお、サークル作成者以外の家族は、107ページの手順5の画面になったら、事前に教えてもらった招待コードを入力して「送信」をタップする。

7 サークルに参加する

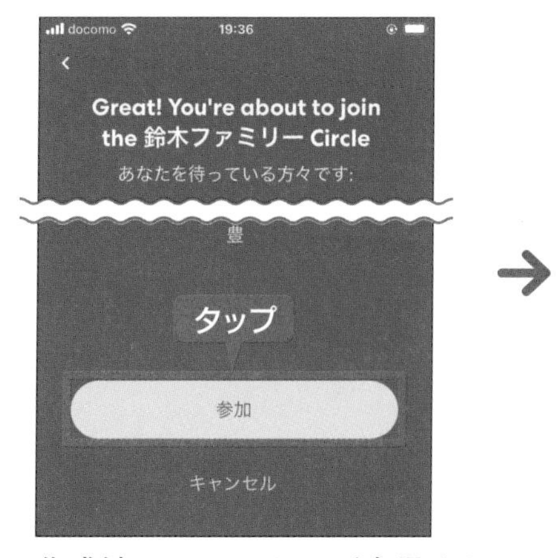

作成済みのサークルが表示されるので、「参加」をタップ。以降はほかの参加者も108〜109ページの手順2〜5の設定を行えばいい。

8 家族の現在地を地図で確認

一連の設定が終わると、地図画面が表示される。ここで見たい参加者の名前をタップし、右上の更新アイコンをタップすると、現在地が表示されるしくみだ。

＼防災ワンポイントコラム／

災害時に利用できる特別な電話

無料で電話ができる「特設公衆電話」

災害時にスマホが利用できればベストですが、中には携帯電話自体を所有していない人もいるでしょう。このような人は、連絡手段として固定電話を使うことになりますが、断線や停電などで利用できないこともあります。

そこで、知っておきたいのが、「特設公衆電話」です。NTTが事前配備している災害時専用電話で、無料で使えて、停電時でも利用可能。通常は設置場所に保管され、災害発生時に提供されます。

特設公衆電話が配備されている場所は、小学校や中学校など、避難所に指定されている施設が一般的です。NTT東日本管内では、2万4932カ所、NTT西日本管内では2万188カ所に設置されています（いずれも2021年3月末時点）。

NTTの公式サイトでは、特設公衆電話の場所を検索できますので、最寄りの施設を調べてみるといいでしょう。また、ポータルサイトのgooが運営している地図サービス「goo地図」では、特設公衆電話の場所を地図上で確認できます。

●NTT公式サイトで設置場所を確認

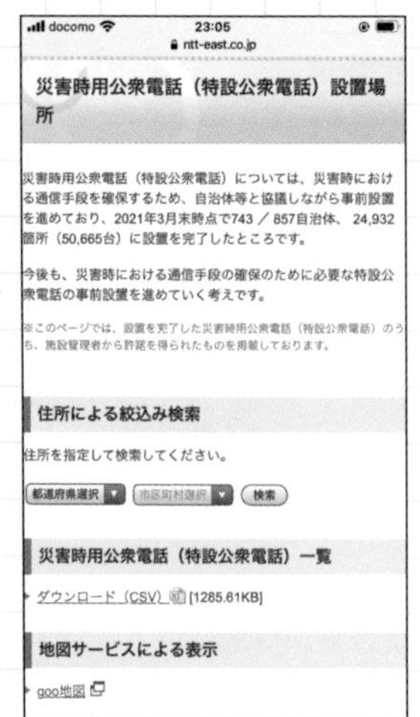

NTT東日本と西日本では、それぞれの公式サイト内で特設公衆電話の配備場所を検索できる。

●「goo地図」でも確認できる

NTTレゾナントが運営する地図サービスサイト「goo地図」では、「特設公衆電話」で検索すると、設置場所を表示できる。

第5章

バッテリーが命綱！

見逃しがちな
スマホ本体を守るための
テクニック

スマホはバッテリーが切れてしまえば、
ただの置物。
使い方を節約し、予備バッテリーも
準備しましょう。

1 バッテリー切れに備える
大容量のモバイルバッテリーは必須！

**最低でも2〜3回程度フル充電が
できる製品がオススメ**

スマホは内蔵バッテリーで動作しますので、バッテリーが切れてしまうと使うことができません。

充電しようにも災害時は電源の確保が難しく、停電が起きた場合は数日間充電できない可能性もあります。

そこで、準備してほしいのが**「モバイルバッテリー」**と呼ばれる充電機器です。

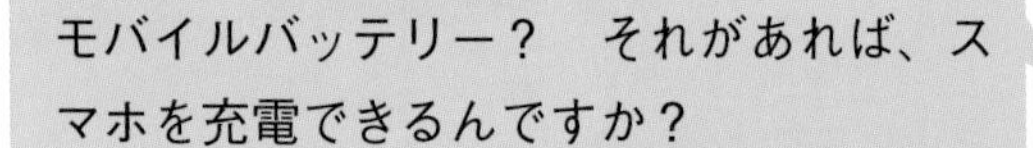

そうなんです。**コンパクトで持ち運びでき、あらかじめ本体に充電しておけば、いざというときにスマホとケーブル接続して充電ができます。**

モバイルバッテリーを購入する場合は、**最低でも2、3回程度フル充電できる大容量タイプ**がオススメです。

なお、充電用のケーブルは、普段スマホで使っているものがそのまま利用できますが、急速充電を行うには対応ケーブルが別途必要になります。

モバイルバッテリーを賢く選ぶポイント

モバイルバッテリーを選ぶ場合は、以下のポイントに注目しましょう。最近は急速充電に対応している製品も増えています。

●容量……大きいほどたくさん充電できますが、電圧変換の関係で3割程度のロスが生じるので、ゆとりのある容量を選びましょう。

●出力W（ワット）数……ワット数が高いほど充電速度が早く、短時間で充電できます。

●急速充電の種類……対応製品が多い「PD」(USB Power Delivery）という規格がベスト。ただし、急速充電を使うには、スマホ、モバイルバッテリー、ケーブルのすべてが同一の規格に対応している必要があります。

● オススメのモバイルバッテリー

PB-WL02
メーカー：AUKEY（オーキー）
価格：4980円
10000mAhの大容量モバイルバッテリー。たとえば、iPhone 12なら約2.5回のフル充電が可能。PD規格対応のType-Cポートのみを使用した場合、最大18Wの高出力急速充電が可能。価格も5000円以下とリーズナブル。

Anker PowerCore III Elite 25600 87W
メーカー：Anker（アンカー）
価格：1万490円
25600mAhの超大容量モバイルバッテリー。たとえば、iPhone 12ならロスを考慮しても、約6回のフル充電が可能。USB-Cポートからの充電では最大87Wの超高出力で、4台同時充電もできる。

※金額表示はすべて税込です。

2 サブ的な充電器として重宝
電池式のモバイルバッテリーも準備

電池だけでバッテリー切れのピンチを回避

先ほど紹介したモバイルバッテリーは、あらかじめ本体へ充電しておく必要があります。

しかし、たまたま充電をしていなかったり、すでに使い切ったタイミングで災害に見舞われる可能性もあります。

複数のモバイルバッテリーを用意しておくという方法もありますが、サブ的に持っておくと便利なのが、**電池式のモバイルバッテリー**です。

電池でスマホに充電できるんですか？

はい、できます。停電になっても手持ちの電池を入れてすぐに充電を開始できるので手間がかかりません。電池は防災グッズとして買い置きしてある人も多いでしょう。

ただし、**充電のパワーはそれほどありません。あくまでもバッテリー切れの急場をしのぐためのツール**として使いましょう。

単3形電池４本で0.3回から0.5回程度の充電が可能

電池に対応した充電器はいくつかありますが、やはり信頼できるメーカーのものが安心です。

また、**銘柄や残量が異なる乾電池・充電池を混ぜて使用できるモデル**を選びましょう。

● モバイルバッテリーとして使える電池式充電器の例

BQ-CC87L
メーカー：Panasonic（パナソニック）
オープン価格：3500円
USB入出力付きの急速充電器。単3形の充電池・乾電池をセットしてスマホへの充電ができ、種類や残量の異なる電池の混合利用もOK。充電池への急速充電、LEDライトアタッチメントも付属し、1台3役をこなす。スマホの機種などによって異なるが、満充電した単3形エネループ（BK-3MCC）4本を使い、内蔵電池3.7V約2700mAhのスマホに約0.5回充電ができる。

3 重量はあるが頼れる存在
ポータブル電源なら長時間の停電も安心

スマホを30回以上充電できる製品も

日本では災害による停電が起きても、比較的早く復旧するケースも多いです。

しかし、大規模な地震では被害が想定を上回り、停電が長期間に及ぶことも考えられます。

そんなときに便利なのが、**「ポータブル電源」と呼ばれる大型バッテリー**です。

モバイルバッテリーと何が違うんですか？

電力容量が圧倒的に多く、高出力なのがメリットです。スマホに30回以上も充電できる製品も存在します。

また、ACコンセントが付いているのもポイントです。ほかの家電をつないで利用でき、避難場所で数日間過ごす場合も便利です。

圧倒的な容量と多彩な出力ポートが魅力

ポータブル電源は大容量であるほど重量も重くなります。持ち運びは少々大変ですが、出力ポートも多彩なので、充電はもちろん家電の利用など幅広く活用できます。

最近はスマホのワイヤレス充電などに対応した多機能な製品もあるので、予算と相談しながら検討してみましょう。

● スマホのワイヤレス充電にも対応したポータブル電源の例

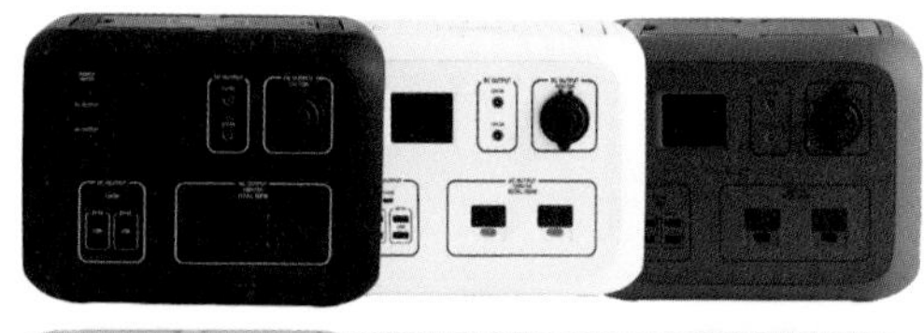

PowerArQ2 ポータブル電源500Wh Smart Tap
販売元:加島商事
価格:5万9800円
500Wh(135000mAh相当)のポータブル電源。出力ポートは、USB-A×4/USB-C×1/ワイヤレス充電 ×1/AC出力×2/DC×2。全6色のカラーバリエーション。サイズ:29.6×19.1×19.5cm、重量:6.2kg

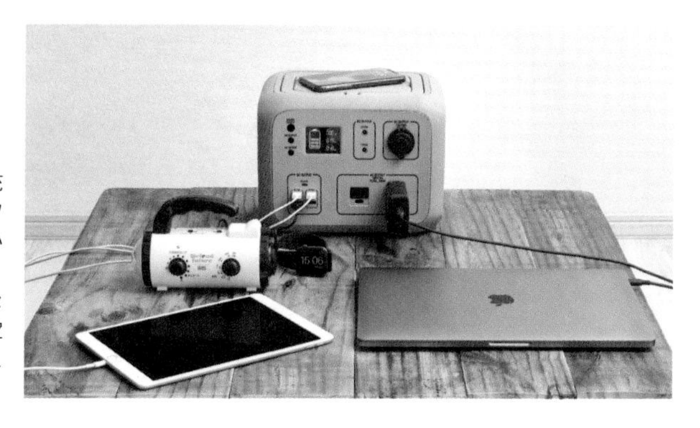

通常のUSBケーブルでの充電に加え、iPhone 12などワイヤレス充電に対応している機種なら本体上部に置くだけで充電可能。ACコンセントもあるので、扇風機や空気清浄機などの家電も使えて避難場所でも便利だ。

4

電気が使えない事態に備える
手回し充電やソーラー充電も用意

本体ハンドルを回転してスマホを充電できる

災害による停電が長期化すると、モバイルバッテリーやポータブル電源の電力をすべて使い果たしてしまう可能性もあります。

そんな最悪の事態を想定して準備しておきたいのが、**スマホの手回し充電に対応した機器**です。

手回し充電？　どうやって充電するんですか？

スマホと充電器をケーブルでつないで、機器本体に付いているハンドルをグルグル回して充電します。

スマホの種類や手回し対応機器にもよりますが、1分間の手回しで連続通話が1分程度可能になります。

防災ラジオと一体化した手回し対応機器が定番

手回し充電に対応した機器は、防災ラジオと一体化した製品が一般的です。

手回しに加え、電池からの充電が可能なモデルを選ぶと安心です。ただし、充電できるスマホの機種は製品によって異なりますので、事前に確認しておきましょう。

● スマホへの手回し充電に対応した防災ラジオの例

ICF-B99
メーカー：ソニー
価格：1万70円
手回し対応の防災ラジオで特に人気が高いのがこちらの製品。ラジオ、スマホへの充電、さらにLEDライトの機能も搭載している。

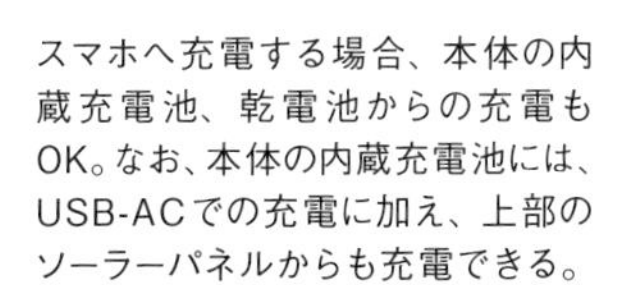

スマホへ充電する場合、本体の内蔵充電池、乾電池からの充電もOK。なお、本体の内蔵充電池には、USB-ACでの充電に加え、上部のソーラーパネルからも充電できる。

4 ムダな電力消費を抑えて長持ち バッテリーを徹底的に節約する

いかに長持ちさせるかがスマホの生命線

スマホは、ムダな電力消費が多いと、あっという間にバッテリーを消費してしまいます。

よぶんにモバイルバッテリーなどを準備していても、ムダな使い方を改善しないと、すぐに使い果たしてしまうでしょう。

そこで、ぜひ知っていてほしいのが、**バッテリーを節約するテクニック**です。

災害時はいつ充電できるのか分からないし、節約方法はぜひ知っておきたいです。

スマホは災害時には強力なサバイバルツールになりますが、バッテリーが切れてしまえば、ただの置物になってしまいます。

次ページから、代表的なバッテリー節約方法をご紹介します。徹底的に節約して、長持ちさせるように心掛けてください。

緊急時は省電力モードで使う

iPhone Android

iPhoneの「設定」→「バッテリー」で「低電力モード」をオンにすると、一部のアプリの動作を一時的に抑えて電力消費を抑えられる。

Androidは機種によって多少異なるが、「設定」→「バッテリー」から省電力モードに切り替えられる。災害時に特化した「緊急省電力モード」があればベストだ。

スマホの画面は暗めに設定する

スマホは画面が明るいほどバッテリーを消費してしまう。iPhoneはコントロールセンターを表示し（94ページ参照）、明るさレベルを下へドラッグすると暗くできる。

Androidの場合は、2本指で画面上端から下へスワイプし、クイック設定を表示。上のスライダーを左へドラッグすれば画面を暗くできる。

スリープまでの時間を短くする

iPhone
Android

スリープ時間を短めにしておけば、そのぶん画面をマメに暗くできるので節約効果がある。iPhoneでは、「設定」→「画面表示と明るさ」→「自動ロック」を開いて、スリープまでの時間を選択できる。

Androidは機種によって多少異なるが、「設定」→「画面設定」→「スリープ」を開いてスリープまでの時間を選択できる。

アプリの不要な通知はオフにしておく

iPhone
Android

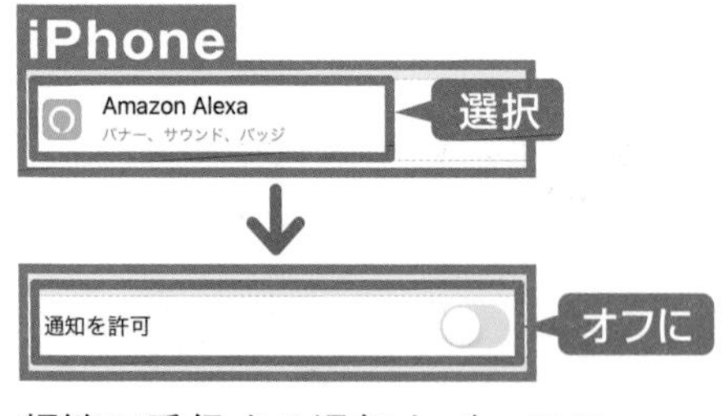

頻繁に受信する通知もバッテリー消費につながってしまう。不要な通知をオフにするには、iPhoneは「設定」→「通知」でアプリを選択し、「通知を許可」をオフにすればいい。

Androidの場合は、「設定」→「アプリと通知」からアプリを選び、「通知」をタップ。表示された画面の「通知の表示」をオフにすればいい。

Wi-Fiなどを使わないときはオフにしておく

iPhone Android

バッテリー消費で見逃しがちなのが、Wi-FiやBluetooth、GPS（位置情報）などの通信機能です。

これらの機能を使わないのに有効のままにしておくと、電波を拾おうとするので、よぶんな電力を消費します。使用していないときはオフにしておきましょう。

iPhone

iPhoneでは、Wi-FiとBluetoothに関しては、コントロールセンターのアイコンをタップするだけで、オフに切り替えられる。

iPhone

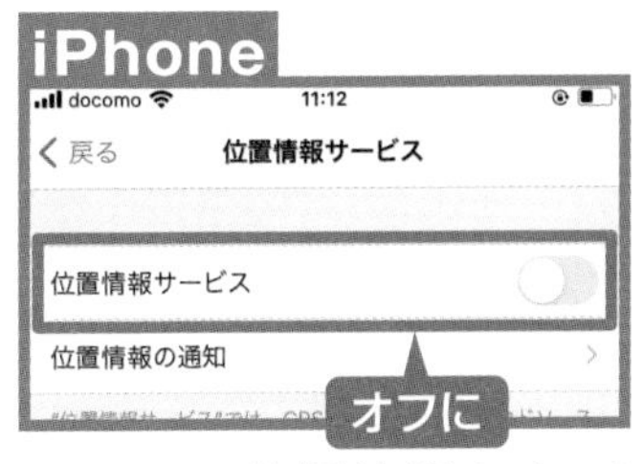

iPhoneの位置情報をオフにする場合は、「設定」→「プライバシー」→「位置情報サービス」を開き、「位置情報サービス」をオフにする。

Android

Androidの場合は、画面上端から2本指で下へスワイプし、クイック設定を表示。「Wi-Fi」「Bluetooth」「現在地」をタップしてオフにすればいい。

防災ワンポイントコラム

スマホは水に弱い

台風や大雨に備えて防水対策をする

精密機器であるスマホは、水にはめっぽう弱いもの。台風やゲリラ豪雨などで風雨にさらされた場合、あっという間に故障につながってしまいます。リスクに備え、スマホにはきちんと防水対策をしておきましょう。

対策として真っ先に考えられるのが、防水対応のスマホケースを使うこと。防水に加え、ホコリに強い防塵機能も同時に備える製品を選ぶとさらに安心です。その目安となるのが、「IP」と呼ばれる防塵・防水等級の国際規格。この最高等級である「IP68」に対応したケースなら、完全防塵・防水構造となっています。ただし、いくら完全防水とはいっても、あくまでも簡易防水が目的。水中で使用するような極端な使い方はできませんので注意してください。

また、防水性能の高いスマホに買い換えるのも手です。たとえば、iPhone 11や12などはIP68等級に対応しています。このようなスマホに乗り換えたうえで、さらに防水ケースまで使えば、かなり安心できるでしょう。

●IP68の完全防塵・防水ケース

OWL-WPCSP17
メーカー：オウルテック
価格：2380円
水深30mのテストをクリアしたIP68対応の防水・防塵ケース。ケースに入れたままでも画面タッチでの操作や音声通話が可能。全4色で、スマホの最大対応サイズは、81×25×160mm。

●防水スマホに乗り換える手も

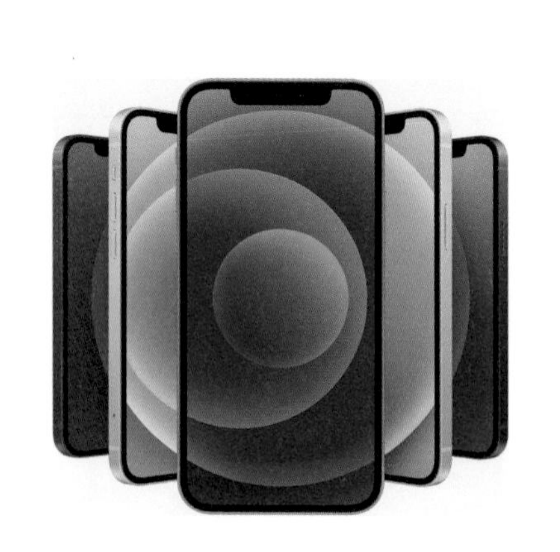

iPhoneの場合、XS、11、12などがIP68等級に対応する。Androidも最新機種なら、IP68に対応したものが多い。

巻末付録

①初心者のための
スマホの基本操作
②防災に役立つデータ集
③わが家の防災ノート

スマホのタッチ操作を覚えよう

スマホ操作の基本は8種類の指使い

●タップ

画面上を指でトンと軽く叩いて、すぐに指を離す動作。アプリを起動するときなどに使う。

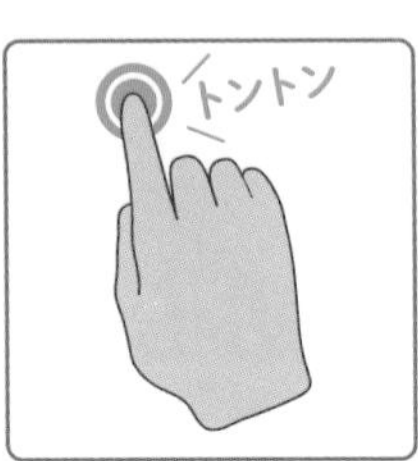

●ダブルタップ

タップを素早く2回連続で行う操作。ファイルを開いたり、画面上の文字を選択するときなどに使う。

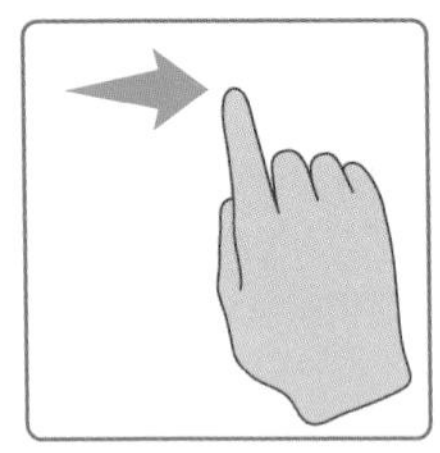

●フリック

画面を指先で弾くように動かす操作。文字入力や画面スクロールを素早く行いたい場合などに使う。

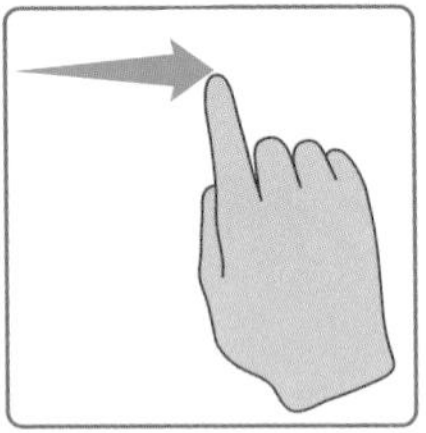

●スワイプ

画面上を掃くように指を滑らせて動かす操作。アプリのメニューを表示させるときなどに使う。

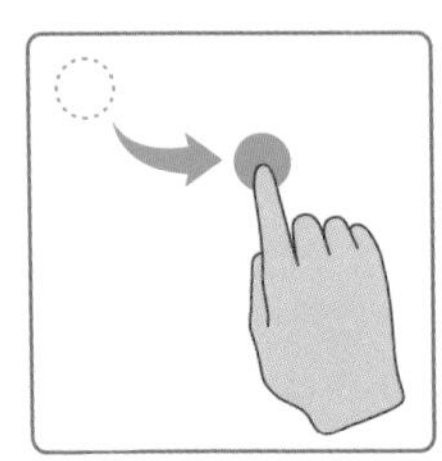

●ドラッグ

画面に指を触れたままで、好きな位置まで引きずるように動かす操作。アプリのアイコンを移動するときなどに使う。

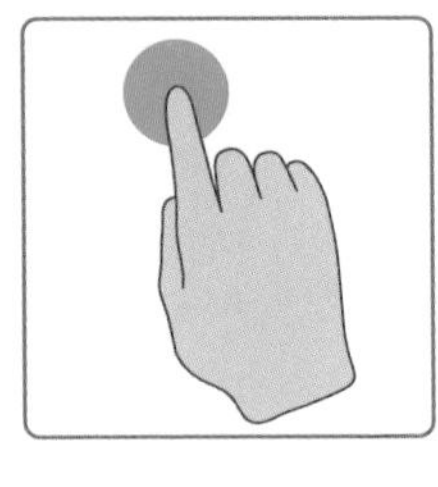

●長押し（ロングタッチ）

画面をタッチしたまま、動かさずに待つ動作。ファイルを選択するときや、連携メニューを表示したいときに使う。

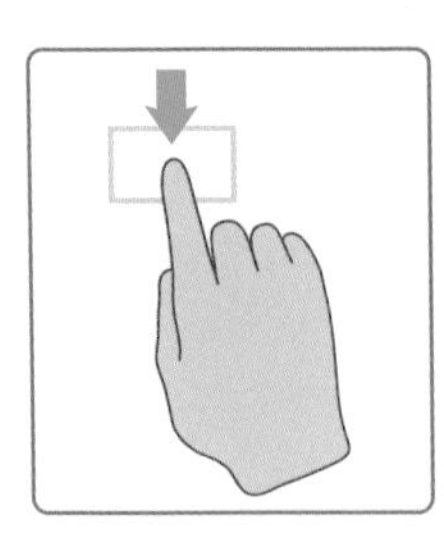

●スクロール

画面をタッチしたまま上下や左右にスライドさせ、画面の表示範囲を移動する動作。

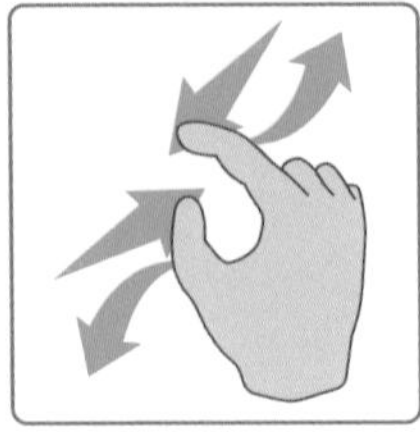

●ピンチイン／ピンチアウト

画面を2本の指で触れ、指の間隔を狭めるように動かすことを「ピンチイン」、反対に指の間隔を広げるように動かすことを「ピンチアウト」という。画像などを拡大・縮小したいときに使う。

iPhoneにアプリをインストールする方法

iPhoneでは、あらかじめ搭載されている「App Store」からアプリをインストールします。ここでは、キーワード検索してインストールする方法と、本書にも掲載しているQRコードを読み取ってインストールする方法をご紹介します。

①「App Store」で検索してインストールする場合

1 「App Store」を起動する

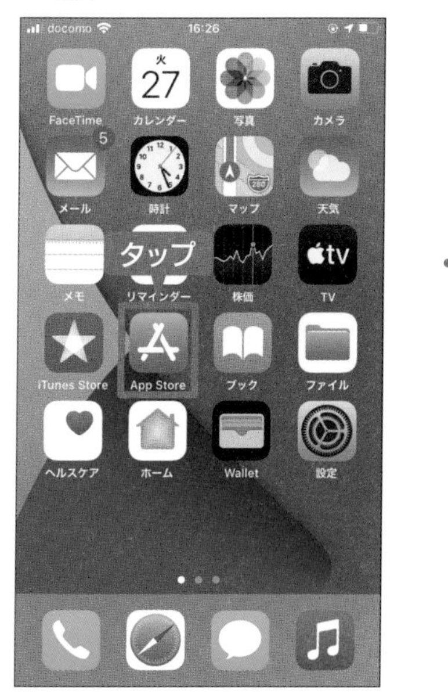

ホーム画面にある「App Store」のアイコンをタップする。

2 検索画面を開く

App Storeのトップ画面が表示されるので、「検索」をタップする。

3 検索欄をタップする

検索画面に切り替わったら、画面上部の検索欄をタップする。

4 キーワードを入力して検索する

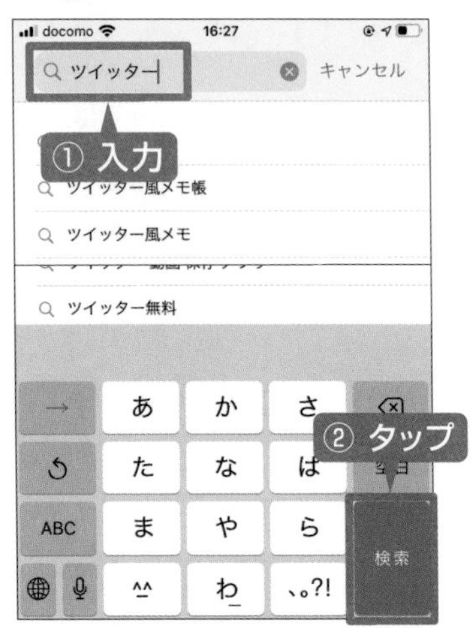

アプリ名などのキーワードを入力して、「検索」をタップする。

5 「入手」をタップする

検索結果の中から、インストールしたいアプリ名の横にある「入手」をタップする。

6 「インストール」をタップする

画面下部に確認画面が表示されるので、「インストール」をタップする。

7 Apple IDでサインインする

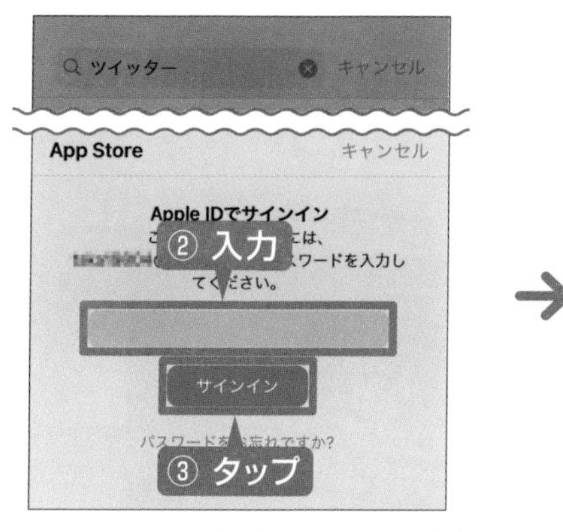

サインインを求める画面が表示されるので、Apple IDのパスワードを入力し、「サインイン」をタップする。

8 サインインが完了する

正常にサインインが終了すると、「完了」と表示される。

9 インストールが始まる

サインインが終了すると同時に、自動的にアプリのインストールが始まるので、そのまま終了するまで待とう。

10 ホーム画面にアイコンが追加される

インストールが終わると、ホーム画面にアプリのアイコンが追加されるしくみだ。

②QRコードをスキャンしてダウンロードする場合

1 コードスキャナーを起動する

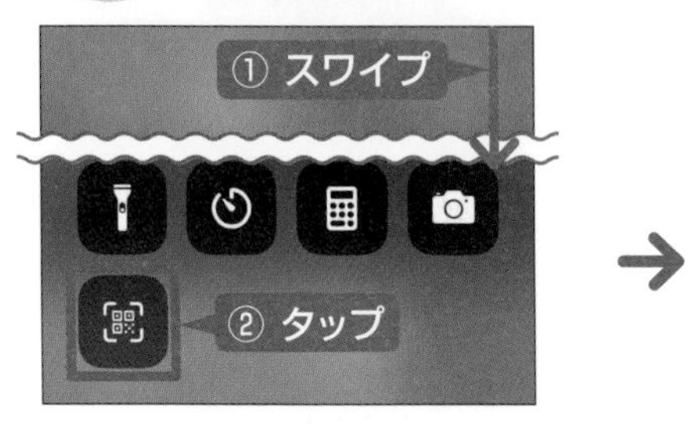

画面右上隅から下（iPhone 8以前は画面下端から上）へスワイプしてiPhoneのコントロールセンターを表示し、左下のスキャナーアイコンをタップする。

2 QRコードをスキャンする

スキャナーが起動したら、読み取りたいQRコードにスマホをかざし、スマホのカメラでQRコードを読み取る。

3 インストールを進める

アプリの詳細画面が表示されるので、以降は128ページの手順5～と同様に、「入手」をタップしてインストールを実行すればいい。

アプリを削除する方法

ホーム画面でアイコンを長押し（ロングタッチ）し、表示されたメニューで「Appを削除」をタップすると、アプリを削除できます。

Androidにアプリを インストールする方法

Androidでは、あらかじめ搭載されている
「Playストア」からアプリをインストールします。
キーワード検索などでインストールできるほか、QRコードを読み取って
インストールすることもできますので、使い方を覚えましょう。

①Playストアで検索してインストールする場合

1 「Playストア」を起動する

アプリ一覧から「Playストア」をタップする。

2 検索欄をタップする

Playストアが起動してトップ画面が表示されるので、上にある検索欄をタップする。

3 キーワード検索を実行する

アプリ名などのキーワードを入力し、「検索」キーをタップする。

4 「インストール」をタップ

検索結果の中から、アプリ名の横にある「インストール」をタップする。

5 インストールが始まる

アプリのダウンロードとインストールが始まるので、終了するまで待とう。

6 インストールが完了する

インストールが完了すると、アプリ一覧にアイコンが表示される。

②QRコードをスキャンしてダウンロードする場合

1 Googleアシスタントを起動

ホームボタンを長押し（ロングタッチ）し、上にあるレンズアイコンをタップする。

2 QRコードをスキャンする

スキャナーが起動するのでQRコードにスマホをかざし、スマホのカメラでQRコードを読み取る。表示されたアドレスをタップしよう。

3 詳細画面からインストール

Playストアでアプリの詳細ページが表示されるので、後は通常の方法と同じく「インストール」をタップすればいい。

アプリを削除する方法

Androidでアプリを削除する場合は、アイコンを長押し（ロングタッチ）し、「×」アイコンをタップ。確認画面が表示されたら、「OK」をタップすれば削除される。

防災に役立つリンク集

防災に関する知識や安否情報の収集に！

●ハザードマップポータルサイト（国土交通省）
https://disaportal.gsi.go.jp/

●「気象庁」
https://www.jma.go.jp/

●「防災の手引き～いろんな災害を知って備えよう～」（首相官邸）
https://www.kantei.go.jp/jp/headline/bousai/

●「防災情報のページ」（内閣府）
http://www.bousai.go.jp/

●「政府インターネットテレビ 防災・減災」（内閣府政府広報室）
https://nettv.gov-online.go.jp/category_index.html?t=132

●「応急手当のポイント」（東京防災救急協会）
http://www.tokyo-bousai.or.jp/lecuture_point/

●「災害にそなえて」（東京電力ホールディングス）
https://www.tepco.co.jp/disaster/

●「災害時のトイレをそなえよう！」（東京ガス）
https://www.tokyo-gas.co.jp/toilet/

●「災害用伝言板（web171）」（NTT東日本・西日本）
https://www.web171.jp/

●NTT ドコモ「災害用伝言板」
http://dengon.docomo.ne.jp/

●au「災害用伝言板」
http://dengon.ezweb.ne.jp/

●ソフトバンク「災害用伝言板」
http://dengon.softbank.ne.jp/

防災グッズチェックリスト

もしもに備えて必要なものをそろえよう！

非常用持ち出し袋

□飲料水
□食品
□防災用ヘルメット・防災ずきん
□衣類・下着
□雨合羽
□懐中電灯（手回し対応）
□携帯ラジオ（手回し対応）
□乾電池
□スマホ用充電器
□モバイルバッテリー
□マッチ・ろうそく・ライター
□救急用品（絆創膏、包帯、消毒液など）
□使い捨てカイロ
□非常用ブランケット
□軍手
□洗面用具
□歯ブラシ・歯磨き粉
□タオル
□筆記用具
□冷却パッド・冷却シート
□貴重品（現金、通帳、運転免許証、保険証など）
□マスク
□手指消毒用アルコール
□せっけん・ハンドソープ
□ウェットティッシュ・ティッシュペーパー
□体温計
□万能ナイフ
□消臭スプレー
□常備薬
□携帯トイレ

非常用持ち出し袋

女性の備え

□生理用品
□サニタリーショーツ
□防犯ブザー・ホイッスル
□おりものシート
□中身の見えないゴミ袋
□携帯用ビデ
□ヘアゴム
□コンパクトミラー

高齢者の備え

□入れ歯
□入れ歯用洗浄剤
□男性用吸水パッド
□デリケートゾーンの洗浄剤
□杖
□補聴器

備蓄品・生活用品

□飲料水（最低でも３日分）
□食料（最低でも３日分）
□カセットコンロ・ガスボンベ
□ゴミ袋
□ラップ
□紙皿
□消火器
□ポリタンク
□災害用簡易トイレ
□トイレットペーパー
□ティッシュペーパー・ウェットティッシュ
□ポータブル電源

わが家の防災カード

定期入れや非常用持ち出し袋に入れておこう！

名前（フリガナ）		性別 男・女	血液型 A・B・O・AB （RH　＋・－）
自宅住所　〒 TEL.			
治療中の病気・服薬中の薬		アレルギー	
緊急連絡先	名前	電話番号	

名前（フリガナ）		性別 男・女	血液型 A・B・O・AB （RH　＋・－）
自宅住所　〒 TEL.			
治療中の病気・服薬中の薬		アレルギー	
緊急連絡先	名前	電話番号	

名前（フリガナ）		性別 男・女	血液型 A・B・O・AB （RH　＋・－）
自宅住所　〒 TEL.			
治療中の病気・服薬中の薬		アレルギー	
緊急連絡先	名前	電話番号	

切り取り線

※家族の人数分、コピーしてお使いください。

MEMO

わが家の連絡先リスト

記載したらコピーして家族みんなで持とう！

●家族の連絡先

名前（フリガナ）	電話番号（自宅・携帯）	電話番号（勤務先・学校）	住所
	mail.		
名前（フリガナ）	電話番号（自宅・携帯）	電話番号（勤務先・学校）	住所
	mail.		
名前（フリガナ）	電話番号（自宅・携帯）	電話番号（勤務先・学校）	住所
	mail.		
名前（フリガナ）	電話番号（自宅・携帯）	電話番号（勤務先・学校）	住所
	mail.		
名前（フリガナ）	電話番号（自宅・携帯）	電話番号（勤務先・学校）	住所
	mail.		

●親戚・知人の連絡先

名前（フリガナ）	電話番号（自宅・携帯）	メールアドレス	住所

●かかりつけの病院

病院名	電話番号

●家族の集合場所や避難場所

●公共機関の連絡先

機関名	電話番号
役所	
電力会社	
ガス会社	
水道局	

MEMO

索引

英数字

あ

か

さ

●た

●な・は

●ま・ら・わ

おわりに

本書を最後までお読みいただき、ありがとうございました。災害対策ツールとしてのスマホの使い方が、十分にご理解いただけたかと思います。

日本人は古来より多くの自然災害に見舞われ、そのたびに大きな犠牲を払ってきました。突然命を奪われた方々の無念を思うと言葉もありません。その犠牲を無にしないためにも、我々は過去の教訓から学ぶ責任があります。

日頃から災害に対する心構えや知識を身に付け、“もしも”にしっかり備えることが重要です。ぜひ本書を参考に、スマホを災害対策に活用してください。

とはいえ、スマホを過信するのも禁物です。電力や通信環境に甚大な被害が出ている場合は、利用不能になる可能性も考えられます。決してスマホだけに頼るのではなく、防災ラジオ、紙の地図やメモなども準備し、バランスの良い備えをしておきましょう。

そして、やはり最後に頼りになるのは、“人と人との絆”です。いくらテクノロジーが発達しても、他人を思いやる心なくしては、防災は成り立ちません。家族や地域の人たちの命を守りたい。そんな思いに寄り添う形で、本書がお役に立てれば幸いです。

宮下由多加

[著者紹介]
宮下由多加（みやしたゆたか）
ITライター、エディター。出版社勤務を経て、2000年よりITライターとして独立。これまでパソコン、スマホ関連の雑誌、書籍を中心に200冊以上の執筆・編集に関わる。
2019年の「令和元年東日本台風」に直面し、防災ツールとしてのスマホの役割に感銘を受ける。現在は"スマホ防災"のイロハを広めるべく、日々活動中。

● 万一、乱丁・落丁本などの不良がございましたら、お手数ですが株式会社ジャムハウスまでご返送ください。送料は弊社負担でお取り替えいたします。
● 本書の内容に関する感想、お問い合わせは、下記のメールアドレスあるいはFAX番号あてにお願いいたします。電話によるお問い合わせには、応じかねます。
メールアドレス◆ mail@jam-house.co.jp　FAX番号◆ 03-6277-0581

スマホで防災
家族も自分も守る！
スマホで始める最新防災マニュアル

2021年7月15日　初版第1刷発行

著者	宮下由多加
発行人	池田利夫
発行所	株式会社ジャムハウス
	〒170-0004　東京都豊島区北大塚2-3-12 ライオンズマンション大塚角萬302号室
カバーデザイン	船田久美子
本文DTP	神田美智子
カバー・本文イラスト	なのなのな
編集	大西淳子
印刷・製本	株式会社厚徳社

ISBN 978-4-906768-91-2
定価はカバーに明記してあります。